Friede auf Erden

Die schönsten
Weihnachtsgeschichten

Selma Lagerlöf

Friede auf Erden

Die schönsten Weihnachtsgeschichten

Aus dem Schwedischen von Marie Franzos
Mit einem Nachwort von Holger Wolandt

Urachhaus

Die Abbildungen sind Werke bzw. Ausschnitte aus Werken
des Malers Carl Larsson (1853–1919).
Seite 16, 44 und 137 © Helsingborgs museum;
Seite 6, 66, 80 und 118 © akg-images

ISBN 978-3-8251-5133-1

5. Auflage 2025
Erschienen im Verlag Urachhaus
Landhausstraße 82 · 70190 Stuttgart
www.urachhaus.de

© 2017 Verlag Freies Geistesleben & Urachhaus GmbH, Stuttgart
Bei Fragen zur Produktsicherheit wenden Sie sich bitte an info@urachhaus.com
Umschlagabbildung: Carl Larsson: *Nu är det jul igen,* Triptychon, rechts, 1907
© Helsingborgs museum
Umschlaggestaltung: U. Weismann
Gesamtherstellung: BALTO print, Litauen

Inhalt

- 7   Die Heilige Nacht
- 17   Die Legende von der Christrose
- 45   Gottesfriede
- 67   Ein Weihnachtsgast
- 81   Die Mausefalle
- 101   Der Totenschädel
- 119   Friede auf Erden

- 139   Nachwort

Die Heilige Nacht

Als ich fünf Jahre alt war, hatte ich einen großen Kummer. Ich weiß kaum, ob ich seitdem einen größeren gehabt habe.
Das war, als meine Großmutter starb. Bis dahin hatte sie jeden Tag auf dem Ecksofa in ihrer Stube gesessen und Märchen erzählt. Ich weiß es nicht anders, als dass Großmutter dasaß und erzählte, vom Morgen bis zum Abend, und wir Kinder saßen still neben ihr und hörten zu. Das war ein herrliches Leben. Es gab keine Kinder, denen es so gut ging wie uns.
Ich erinnere mich nicht an sehr viel von meiner Großmutter. Ich erinnere mich, dass sie schönes, kreideweißes Haar hatte, und dass sie sehr gebückt ging, und dass sie immer dasaß und an einem Strumpf strickte.
Dann erinnere ich mich auch, dass sie, wenn sie ein Märchen erzählt hatte, ihre Hand auf meinen Kopf zu legen pflegte, und dann sagte sie: »Und das alles ist so wahr, wie dass ich dich sehe und du mich siehst.«
Ich entsinne mich auch, dass sie schöne Lieder singen konnte, aber das tat sie nicht alle Tage. Eines dieser Lieder handelte von

einem Ritter und einer Meerjungfrau, und es hatte den Kehrreim: »Es weht so kalt, es weht so kalt, wohl über die weite See.«

Dann entsinne ich mich eines kleinen Gebets, das sie mich lehrte, und eines Psalmverses.

Von allen den Geschichten, die sie mir erzählte, habe ich nur eine schwache, unklare Erinnerung. Nur an eine einzige von ihnen erinnere ich mich so gut, dass ich sie erzählen könnte. Es ist eine kleine Geschichte von Jesu Geburt.

Seht, das ist beinah alles, was ich noch von meiner Großmutter weiß, außer dem, woran ich mich am besten erinnere, nämlich dem großen Schmerz, als sie dahinging.

Ich erinnere mich an den Morgen, an dem das Ecksofa leer stand und es unmöglich war, zu begreifen, wie die Stunden des Tages zu Ende gehen sollten. Daran erinnere ich mich. Das vergesse ich nie. Und ich erinnere mich, dass wir Kinder hingeführt wurden, um die Hand der Toten zu küssen. Und wir hatten Angst, es zu tun, aber da sagte uns jemand, dass wir nun zum letzten Mal Großmutter für alle die Freude danken könnten, die sie uns gebracht hatte.

Und ich erinnere mich, wie Märchen und Lieder vom Hause wegfuhren, in einen langen schwarzen Sarg gepackt, und niemals wiederkamen.

Ich erinnere mich, dass etwas aus dem Leben verschwunden war. Es war, als hätte sich die Tür zu einer ganzen schönen, verzauberten Welt geschlossen, in der wir früher frei aus- und eingehen durften. Und nun gab es niemand mehr, der sich darauf verstand, diese Tür zu öffnen.
Und ich erinnere mich, dass wir Kinder so allmählich lernten, mit Spielzeug und Puppen zu spielen und zu leben wie andere Kinder auch, und da konnte es ja den Anschein haben, als vermissten wir Großmutter nicht mehr, als erinnerten wir uns nicht mehr an sie. Aber noch heute, nach vierzig Jahren, wie ich da sitze und die Legenden über Christus sammle, die ich drüben im Morgenland gehört habe, wacht die kleine Geschichte von Jesu Geburt, die meine Großmutter zu erzählen pflegte, in mir auf. Und ich bekomme Lust, sie noch einmal zu erzählen und sie auch in meine Sammlung mit aufzunehmen.

Es war an einem Weihnachtstag, alle waren zur Kirche gefahren, außer Großmutter und mir. Ich glaube, wir beide waren im ganzen Haus allein. Wir hatten nicht mitfahren können, weil die eine zu jung und die andere zu alt war. Und alle beide waren wir betrübt, dass wir nicht zum Mettegesang fahren und die Weihnachtslichter sehen konnten.

Aber wie wir so in unserer Einsamkeit saßen, fing Großmutter zu erzählen an.

»Es war einmal ein Mann«, sagte sie, »der in die dunkle Nacht hinausging, um sich Feuer zu leihen. Er ging von Haus zu Haus und klopfte an. ›Ihr lieben Leute, helft mir!‹, sagte er. ›Mein Weib hat eben ein Kindlein geboren, und ich muss Feuer anzünden, um sie und den Kleinen zu erwärmen.‹

Aber es war tiefe Nacht, sodass alle Menschen schliefen, und niemand antwortete ihm.

Der Mann ging und ging. Endlich erblickte er in weiter Ferne einen Feuerschein. Da wanderte er dieser Richtung zu und sah, dass das Feuer im Freien brannte. Eine Menge weiße Schafe lagen rings um das Feuer und schliefen, und ein alter Hirt wachte über der Herde.

Als der Mann, der Feuer leihen wollte, zu den Schafen kam, sah er, dass drei große Hunde zu Füßen des Hirten ruhten und schliefen. Sie erwachten alle drei bei seinem Kommen und sperrten ihre weiten Rachen auf, als ob sie bellen wollten, aber man vernahm keinen Laut. Der Mann sah, dass sich die Haare auf ihrem Rücken sträubten, er sah, wie ihre scharfen Zähne funkelnd weiß im Feuerschein leuchteten und wie sie auf ihn losstürzten. Er fühlte, dass einer von ihnen nach seinen Beinen schnappte und einer nach seiner Hand, und dass einer sich an seine Kehle hängte. Aber die Kinnladen und die Zähne, mit denen die Hunde beißen wollten, gehorchten ihnen nicht, und der Mann litt nicht den kleinsten Schaden.

Nun wollte der Mann weitergehen, um das zu finden, was er brauchte. Aber die Schafe lagen so dicht nebeneinander, Rücken an Rücken, dass er nicht vorwärtskommen konnte. Da stieg der Mann auf die Rücken der Tiere und wanderte über sie hin dem Feuer zu. Und keins von den Tieren wachte auf oder regte sich.«

So weit hatte Großmutter ungestört erzählen können, aber nun konnte ich es nicht lassen, sie zu unterbrechen. »Warum regten sie sich nicht, Großmutter?«, fragte ich. »Das wirst du nach einem Weilchen schon erfahren«, sagte Großmutter und fuhr mit ihrer Geschichte fort.

»Als der Mann fast beim Feuer angelangt war, sah der Hirt auf. Es war ein alter, mürrischer Mann, der unwirsch und hart gegen alle Menschen war. Und als er einen Fremden kommen sah, griff er nach einem langen, spitzigen Stab, den er in der Hand zu halten pflegte, wenn er seine Herde hütete, und warf ihn nach ihm. Und der Stab fuhr zischend gerade auf den Mann los, aber ehe er ihn traf, wich er zur Seite und sauste an ihm vorbei, weit über das Feld.«

Als Großmutter so weit gekommen war, unterbrach ich sie abermals. »Großmutter, warum wollte der Stock den Mann nicht schlagen?« Aber Großmutter ließ es sich nicht einfallen, mir zu antworten, sondern fuhr mit ihrer Erzählung fort.

»Nun kam der Mann zu dem Hirten und sagte zu ihm: ›Guter Freund, hilf mir und leih mir ein wenig Feuer. Mein Weib hat eben ein Kindlein geboren, und ich muss Feuer machen, um sie und den Kleinen zu erwärmen.‹

Der Hirt hätte am liebsten Nein gesagt, aber als er daran dachte, dass die Hunde dem Mann nicht hatten schaden können, dass die Schafe nicht vor ihm davongelaufen waren und dass sein Stab ihn nicht fällen wollte, da wurde ihm ein wenig bange, und er wagte es nicht, dem Fremden das abzuschlagen, was er begehrte.

›Nimm, so viel du brauchst‹, sagte er zu dem Mann.

Aber das Feuer war beinahe ausgebrannt. Es waren keine Scheite und Zweige mehr übrig, sondern nur ein großer Gluthaufen, und der Fremde hatte weder Schaufel noch Eimer, worin er die roten Kohlen hätte tragen können.

Als der Hirt dies sah, sagte er abermals: ›Nimm, so viel du brauchst!‹ Und er freute sich, dass der Mann kein Feuer wegtragen konnte. Aber der Mann beugte sich hinunter, holte die Kohlen mit bloßen Händen aus der Asche und legte sie in seinen

Mantel. Und weder versengten die Kohlen seine Hände, als er sie berührte, noch versengten sie seinen Mantel, sondern der Mann trug sie fort, als wenn es Nüsse oder Äpfel gewesen wären.«

Aber hier wurde die Märchenerzählerin zum dritten Mal unterbrochen. »Großmutter, warum wollte die Kohle den Mann nicht brennen?«

»Das wirst du schon hören«, sagte Großmutter, und dann erzählte sie weiter.

»Als dieser Hirt, der ein so böser, mürrischer Mann war, dies alles sah, begann er sich bei sich selbst zu wundern: ›Was kann dies für eine Nacht sein, wo die Hunde die Schafe nicht beißen, die Schafe nicht erschrecken, die Lanze nicht tötet und das Feuer nicht brennt?‹ Er rief den Fremden zurück und sagte zu ihm: ›Was ist dies für eine Nacht? Und woher kommt es, dass alle Dinge dir Barmherzigkeit zeigen?‹

Da sagte der Mann: ›Ich kann es dir nicht sagen, wenn du selber es nicht siehst.‹ Und er wollte seiner Wege gehen, um bald ein Feuer anzünden und Weib und Kind wärmen zu können.

Aber da dachte der Hirt, er wolle den Mann nicht ganz aus dem Gesicht verlieren, bevor er erfahren hätte, was dies alles bedeute. Er stand auf und ging ihm nach, bis er dorthin kam, wo der Fremde daheim war.

Da sah der Hirt, dass der Mann nicht einmal eine Hütte hatte, um darin zu wohnen, sondern er hatte sein Weib und sein Kind in einer Berggrotte liegen, wo es nichts gab als nackte, kalte Steinwände.

Aber der Hirt dachte, dass das arme unschuldige Kindlein vielleicht dort in der Grotte erfrieren würde, und obgleich er ein harter Mann war, wurde er davon doch ergriffen und beschloss, dem Kind zu helfen. Und er löste sein Ränzel von der Schulter und nahm daraus ein weiches, weißes Schaffell hervor. Das gab er dem fremden Mann und sagte, er möge das Kind darauf betten. Aber in demselben Augenblick, in dem er zeigte, dass auch er barmherzig sein konnte, wurden ihm die Augen geöffnet, und er sah, was er vorher nicht hatte sehen, und hörte, was er vorher nicht hatte hören können.

Er sah, dass rund um ihn ein dichter Kreis von kleinen, silberbeflügelten Englein stand. Und jedes von ihnen hielt ein Saitenspiel in der Hand, und alle sangen sie mit lauter Stimme, dass in dieser Nacht der Heiland geboren wäre, der die Welt von ihren Sünden erlösen solle.

Da begriff er, warum in dieser Nacht alle Dinge so froh waren, dass sie niemand etwas zuleide tun wollten.

Und nicht nur rings um den Hirten waren Engel, sondern er sah sie überall. Sie saßen in der Grotte, und sie saßen auf dem Berge, und sie flogen unter dem Himmel. Sie kamen in großen Scharen über den Weg gegangen, und wie sie vorbeikamen, blieben sie stehen und warfen einen Blick auf das Kind.

Es herrschte eitel Jubel und Freude und Singen und Spiel, und das alles sah er in der dunklen Nacht, in der er früher nichts zu gewahren vermocht hatte. Und er wurde so froh, dass seine Augen geöffnet waren, dass er auf die Knie fiel und Gott dankte.«

Aber als Großmutter so weit gekommen war, seufzte sie und sagte: »Aber was der Hirte sah, das könnten wir auch sehen, denn die Engel fliegen in jeder Weihnachtsnacht unter dem Himmel, wenn wir sie nur zu gewahren vermögen.«

Und dann legte Großmutter ihre Hand auf meinen Kopf und sagte: »Dies sollst du dir merken, denn es ist so wahr, wie dass ich dich sehe und du mich siehst. Nicht auf Lichter und Lampen kommt es an, und es liegt nicht an Mond und Sonne, sondern was nottut ist, dass wir Augen haben, die Gottes Herrlichkeit sehen können.«

Die Legende von der Christrose

Die Räubermutter, die in der Räuberhöhle oben im Göinger Wald hauste, hatte sich eines Tages auf einen Bettelzug in das Flachland hinunterbegeben. Der Räubervater war ein friedloser Mann und durfte den Wald nicht verlassen. Er musste sich damit begnügen, den Wegfahrenden aufzulauern, die sich in den Wald wagten; doch zu der Zeit, als der Räubervater und die Räubermutter sich in dem Göinger Wald aufhielten, gab es im nördlichen Schonen nicht allzuviel Reisende. Wenn es sich also begab, dass der Räubervater ein paar Wochen lang kein Glück gehabt hatte, dann machte sich die Räubermutter auf die Wanderschaft. Sie nahm ihre fünf Kinder mit, und jedes der Kleinen hatte zerfetzte Fellkleider und Holzschuhe und trug auf dem Rücken einen Sack, der gerade so lang war wie es selbst.

Wenn die Räubermutter zu einer Haustür hereinkam, wagte niemand, ihr zu verweigern, was sie verlangte, denn sie überlegte manchmal nicht lange, sondern kehrte in der nächsten Nacht zurück und zündete das Haus an, in dem man sie nicht freundlich aufgenommen hatte. Die Räubermutter und ihre Nachkommenschaft waren ärger als die Wolfsbrut, und gar mancher hätte ihnen gern seinen guten Speer nachgeworfen, wenn nicht der Mann dort oben im Wald gewesen wäre und sich zu rächen gewusst hätte, wenn den Kindern oder der Alten etwas zuleide getan worden wäre.

Wie nun die Räubermutter bettelnd von Hof zu Hof zog, kam sie eines schönen Tages nach Öved, das zu jener Zeit ein Kloster war. Sie klingelte an der Klosterpforte und verlangte etwas zu essen. Der Türhüter ließ ein kleines Schiebfensterchen herab und reichte ihr sechs runde Brote, eines für sie und eines für jedes Kind.

Während die Räubermutter still vor der Klosterpforte stand, liefen ihre Kinder umher. Dann kam eines von ihnen heran und zupfte sie am Rock, zum Zeichen, dass es etwas gefunden hätte, was sie sich ansehen sollte. Die Räubermutter ging auch gleich mit ihm.

Das ganze Kloster war von einer hohen, starken Mauer umgeben, aber der kleine Junge hatte ein kleines angelehntes Hintertürchen gefunden. Die Räubermutter stieß sogleich das Pförtchen auf und trat, ohne erst viel zu fragen, ein, wie es eben bei ihr der Brauch war.

Aber das Kloster Öved wurde zu jener Zeit von Abt Johannes regiert, der ein gar pflanzenkundiger Mann war. Er hatte sich hinter der Klostermauer einen kleinen Lustgarten angelegt, und in diesen drang sie nun ein.

Im ersten Augenblick war sie so erstaunt, dass sie regungslos stehen blieb. Es war Hochsommerzeit, und der Garten des Abtes Johannes stand so voll Blumen, dass es blau und rot und gelb vor den Augen flimmerte, wenn man hinsah. Aber bald zeigte sich ein vergnügtes Lächeln auf dem Gesicht der Räubermutter. Sie begann, einen schmalen Gang zwischen vielen kleinen Blumenbeeten hinunterzugehen.

Im Garten stand der Laienbruder, der Gärtnergehilfe war, und jätete das Unkraut aus. Er hatte die Tür in der Mauer halb offen gelassen, um Queckengras und Melde auf den Kehrichthaufen vor der Mauer werfen zu können. Als er die Räubermutter mit ihren fünf Bälgern in den Lustgarten treten sah, stürzte er ihnen sogleich entgegen und befahl ihnen, sich zu trollen. Die alte Bettlerin ging weiter, als sei nichts geschehen. Sie ließ die Blicke hinauf und hinab wandern, sah bald die starren weißen Lilien an, die sich auf einem Beet ausbreiteten, und bald den Efeu, der die Klosterwand hoch emporkletterte, und bekümmerte sich nicht im Geringsten um den Laienbruder.

Der Laienbruder dachte, sie hätte ihn nicht verstanden, und wollte sie am Arm nehmen, um sie nach dem Ausgang umzudrehen, aber die Räubermutter warf ihm einen Blick zu, vor dem er zurückprallte. Sie war unter ihrem Bettelsack mit gebeugtem

Rücken gegangen, aber jetzt richtete sie sich zur vollen Höhe auf.

»Ich bin die Räubermutter aus dem Göinger Wald«, sagte sie. »Rühr mich nur an, wenn du es wagst.« Und es sah aus, als ob sie nach diesen Worten ebenso sicher wäre, in Frieden von dannen ziehen zu können, als hätte sie verkündet, dass sie die Königin von Dänemark sei.

Aber der Laienbruder wagte es dennoch, sie zu stören, obgleich er jetzt, wo er wusste, wer sie war, recht sanftmütig zu ihr sprach. »Du musst wissen, Räubermutter«, sagte er, »dass dies ein Mönchskloster ist, und dass es keiner Frau im Land gestattet ist, hinter diese Mauer zu treten. Wenn du nun nicht deiner Wege gehst, werden die Mönche mir zürnen, weil ich vergessen habe, das Tor zu schließen; sie werden mich vielleicht von Kloster und Garten verjagen.«

Doch solche Bitten waren an die Räubermutter verschwendet. Sie ging weiter durch die Rosenbeete und sah sich den Ysop an, der mit lilafarbenen Blüten bedeckt war, und das Kaprifolium, das voll rotgelber Blumentrauben hing.

Da wusste sich der Laienbruder keinen anderen Rat, als in das Kloster zu laufen und um Hilfe zu rufen. Er kam mit zwei handfesten Mönchen zurück, und die Räubermutter sah sogleich, dass es nun Ernst wurde. Sie stellte sich breitbeinig auf den Weg und begann mit gellender Stimme herauszuschreien, welche furchtbare Rache sie an dem Kloster nehmen würde, wenn sie nicht im Lustgarten bleiben dürfte, so lange sie wollte. Aber die Mönche fürchteten sie nicht und schickten sich an, sie zu vertreiben. Da stieß die Räubermutter schrille Schreie aus, stürzte sich auf die Mönche, kratzte und biss, und alle ihre Sprösslinge machten es ebenso. Die drei Männer merkten bald, dass sie ihnen überlegen war. Es blieb ihnen nichts anderes übrig, als in das Kloster zu gehen und Verstärkung zu holen.

Wie sie über den Pfad liefen, der in das Kloster führte, begegneten sie dem Abt Johannes, der herbeigeeilt war, um zu sehen, wer da im Lustgarten so lärmte. Da mussten sie gestehen, dass die Räubermutter aus dem Göinger Wald in das Kloster eingedrungen war. Abt Johannes tadelte sie, dass sie Gewalt angewendet hatten, und verbot, um Hilfe zu rufen. Er schickte die beiden Mönche zu ihrer Arbeit zurück, und obgleich er ein alter, gebrechlicher Mann war, nahm er nur den Laienbruder mit in den Garten.

Als Abt Johannes dort anlangte, ging die Räubermutter wie zuvor zwischen den Beeten umher. Er konnte sich nicht genug über sie wundern. Er war ganz sicher, dass die Räubermutter nie zuvor in ihrem Leben einen Lustgarten erblickt hatte. Aber wie dem auch sein mochte – sie ging zwischen allen den kleinen Beeten mit den fremden und seltsamen Blumen umher und betrachtete sie, als wären es alte Bekannte. Es sah aus, als hätte sie schon öfters Immergrün und Salbei und Rosmarin gesehen. Einigen Blumen lächelte sie zu, und über andere wieder schüttelte sie den Kopf.

Abt Johannes liebte seinen Garten mehr als alle anderen irdischen und vergänglichen Dinge. So wild und grimmig die Räubermutter auch aussah, so konnte er es doch nicht lassen, Gefallen daran zu finden, dass sie mit drei Mönchen gekämpft hatte, um die Blumen in Ruhe betrachten zu können. Er ging auf sie zu und fragte sie freundlich, ob ihr der Garten gefalle.

Die Räubermutter wendete sich heftig gegen Abt Johannes, denn sie war nur auf Hinterhalt und Überfall gefasst, aber als sie seine weißen Haare und seinen gebeugten Rücken sah, antwortete sie ganz freundlich: »Als ich ihn erblickte, schien es mir, als ob ich nie etwas Schöneres gesehen hätte, aber jetzt merke ich, dass er sich mit einem anderen Garten nicht messen kann, den ich kenne.«

Abt Johannes hatte sicherlich eine andere Antwort erwartet. Als er hörte, dass die Räubermutter einen Lustgarten kenne, der schöner wäre als der seine, bedeckten sich seine runzeligen Wangen mit einer schwachen Röte.

Der Gärtnergehilfe, der danebenstand, begann auch gleich die Räubermutter zurechtzuweisen.

»Dies ist Abt Johannes, Räubermutter«, sagte er, »der selber mit großem Fleiß und viel Mühe von fern und nah die Blumen für seinen Garten gesammelt hat. Wir wissen alle, dass es im ganzen schonischen Land keinen reicheren Lustgarten gibt, und es steht dir, die du das ganze liebe Jahr im wilden Wald hausest, wahrlich übel an, sein Werk zu tadeln.«

»Ich will niemand tadeln, weder ihn noch dich«, sagte die Räubermutter, »ich sage nur, wenn ihr den Lustgarten sehen könntet, an den ich denke, dann würdet ihr jegliche Blume, die hier steht, ausraufen und sie als Unkraut fortwerfen.«

Aber der Gärtnergehilfe war kaum weniger stolz auf die Blumen als Abt Johannes selbst, und als er diese Worte hörte, begann er höhnisch zu lachen.

»Ich kann mir wohl denken, dass du nur so schwätzest, Räubermutter, um uns zu reizen«, sagte er; »das wird mir ein schöner Garten sein, den du dir unter Tannen und Wacholderbüschen im Göinger Wald eingerichtet hast! Ich wollte meine Seele verschwören, dass du überhaupt noch nie hinter einer Gartenmauer gewesen bist.«

Die Räubermutter wurde rot vor Ärger, dass man ihr misstraute, und rief: »Es mag wohl sein, dass ich niemals zuvor hinter einer Gartenmauer gestanden habe, aber ihr Mönche, die ihr heilige Männer seid, solltet wohl wissen, dass der große Göinger Wald sich in jeder Weihnachtsnacht in einen Lustgarten verwandelt, um die Geburtsstunde unseres Herrn und Heilands zu feiern. Wir, die wir im Wald leben, sehen dies jedes Jahr. In diesem Lustgarten habe ich so herrliche Blumen geschaut, dass ich es nicht wagte, die Hand zu erheben, um sie zu brechen.«

Da lachte der Laienbruder noch lauter und stärker: »Es ist gar leicht für dich, dazustehen und mit Dingen zu prahlen, die kein Mensch sehen kann. Ich kann nicht glauben, dass der Wald Christi Geburtsstunde feiert, wenn so unheilige Leute darin wohnen wie du und der Räubervater.«

»Und das, was ich sage, ist doch ebenso wahr«, entgegnete die Räubermutter, »wie dass du es nicht wagen würdest, in einer Weihnachtsnacht in den Wald zu kommen, um es zu sehen.«

Der Laienbruder wollte ihr von Neuem antworten, aber Abt Johannes bedeutete ihm durch ein Zeichen, stillzuschweigen. Abt Johannes hatte schon seit seiner Kindheit erzählen hören, dass der Wald sich in der Weihnachtsnacht in ein Feierkleid hülle. Er hatte sich oft danach gesehnt, es zu sehen, aber es war ihm niemals gelungen. Nun begann er die Räubermutter zu bitten, sie möge ihn um die Weihnachtszeit in die Räuberhöhle kommen lassen. Wenn sie nur eins ihrer Kinder schickte, ihm den Weg zu zeigen, dann wollte er allein hinaufreiten und sie nie und nimmer verraten, sondern sie reich belohnen, wie es nur in seiner Macht stünde.

Die Räubermutter weigerte sich zuerst, denn sie dachte an den Räubervater und an die Gefahr, der sie ihn preisgab, wenn sie Abt Johannes in ihre Höhle kommen ließe, aber dann wurde doch der Wunsch in ihr übermächtig, dem Abt zu zeigen, dass der Lustgarten, den sie kannte, schöner war als der seinige, und sie gab nach. »Aber mehr als einen Begleiter darfst du nicht mitnehmen«, sagte sie. »Und du darfst uns keinen Hinterhalt legen, so gewiss du ein heiliger Mann bist.«

Dies versprach Abt Johannes, und damit ging die Räubermutter.

Abt Johannes befahl dem Laienbruder, niemand zu verraten, was vereinbart worden war. Er fürchtete, dass die Mönche, wenn sie von seinem Vorhaben etwas erführen, einem alten Mann, wie er es war, nicht gestatten würden, hinauf in die Räuberhöhle zu ziehen. Auch er selbst wollte den Plan keiner Menschenseele verraten. Aber da begab es sich, dass der Erzbischof Absalon aus Lund gereist kam und eine Nacht in Öved verbrachte. Als nun Abt Johannes ihm seinen Garten zeigte, fiel ihm der Besuch der

Räubermutter ein; und der Laienbruder, der dort umherging und arbeitete, hörte, wie der Abt dem Bischof von dem Räubervater erzählte, der nun seit vielen Jahren vogelfrei im Wald hauste, und um einen Freibrief für ihn bat, damit er wieder ein ehrliches Leben unter anderen Menschen beginnen könnte.

»Wie es jetzt geht«, sagte Abt Johannes, »wachsen seine Kinder zu ärgeren Missetätern heran, als er selbst einer ist, und wir werden es bald mit einer ganzen Räuberbande zu tun bekommen.«

Doch Erzbischof Absalon erwiderte, dass er den bösen Räuber nicht auf die ehrlichen Leute im Land loslassen wolle. Es sei für alle am besten, wenn er dort oben in seinem Wald bliebe.

Da wurde Abt Johannes eifrig und begann dem Bischof vom Göinger Wald zu erzählen, der sich jedes Jahr rings um die Räuberhöhle weihnachtlich schmücke. »Wenn diese Räuber nicht zu schlimm sind, Gottes Herrlichkeit zu sehen«, sagte er, »so können sie wohl auch nicht zu schlecht sein, um die Gnade der Menschen zu erfahren.«

Aber der Erzbischof wusste dem Abt zu antworten.

»So viel kann ich dir versprechen, Abt Johannes«, sagte er und lächelte, »an welchem Tage immer du mir eine Blume aus dem Weihnachtsgarten im Göinger Wald schickst, will ich dir einen Freibrief für alle Friedlosen geben, für die du bitten magst.«

Der Laienbruder sah, dass Bischof Absalon ebenso wenig wie er selbst an die Geschichte der Räubermutter glaubte, aber Abt Johannes merkte nichts davon, sondern dankte Absalon für sein gütiges Versprechen und sagte, die Blume wollte er ihm schon schicken.

Abt Johannes setzte seinen Willen durch, und am nächsten Weihnachtsabend saß er nicht daheim in Öved, sondern war auf dem Weg nach Göinge. Einer der wilden Jungen der Räubermutter lief vor ihm her. Der Knecht, der im Lustgarten mit der Räubermutter gesprochen hatte, begleitete ihn. Abt Johannes hatte sich den ganzen Herbst schon sehr nach dieser Reise gesehnt und freute sich nun, dass sie zustande gekommen war. Ganz anders stand es mit dem Laienbruder, der ihm folgte. Er hatte Abt Johannes von Herzen lieb und würde es nicht gern einem anderen überlassen haben, ihn zu begleiten und über ihn zu wachen, aber er glaubte keineswegs, dass sie einen Weihnachtsgarten zu Gesicht bekommen würden. Er dachte, dass die Räubermutter Abt Johannes mit großer Schlauheit hereingelegt hatte, damit er ihrem Mann in die Hände falle.
Während Abt Johannes nordwärts zum Wald ritt, sah er, wie überall Anstalten getroffen wurden, das Weihnachtsfest zu feiern. In

jedem Bauernhof machte man Feuer in der Badehütte; aus den Vorratskammern wurden große Mengen von Fleisch und Brot in die Wohnungen getragen, und aus den Tennen kamen die Burschen mit großen Strohgarben, die über den Boden gestreut werden sollten.

Als der Abt an dem kleinen Dorfkirchlein vorüberritt, sah er, wie der Priester und seine Küster damit beschäftigt waren, sie mit den besten Geweben zu schmücken, die sie nur hatten auftreiben können; und als er zu dem Weg kam, der nach dem Kloster Bosjö führte, sah er die Armen mit großen Brotlaiben und langen Kerzen daherwandern, die sie an der Klosterpforte bekommen hatten.

Als Abt Johannes alle diese Weihnachtszurüstungen sah, spornte er zur Eile an. Er dachte daran, dass seiner das größte Fest harrte. Doch der Knecht jammerte und klagte, als er sah, wie sie sich auch in der kleinsten Hütte anschickten, das Weihnachtsfest zu feiern. Er wurde immer ängstlicher und bat und beschwor Abt Johannes, umzukehren und sich nicht freiwillig in die Hände der Räuber zu geben.

Aber Abt Johannes ritt weiter, ohne sich um die Klagen zu kümmern. Er hatte bald das Flachland hinter sich und kam nun hinauf in die einsamen, wilden Wälder. Hier wurde der Weg schlechter.

Er war eigentlich nur noch ein steiniger, nadelbestreuter Pfad; nicht Brücke und Steg führten über die Flüsse und Bäche. Je länger sie ritten, desto kälter wurde es, und tief drinnen im Wald war der Boden mit Schnee bedeckt.

Es war ein langer und beschwerlicher Ritt. Sie zogen auf steilen und schlüpfrigen Pfaden über Moor und Sumpf, drangen durch Windbrüche und Dickicht. Gerade als der Tag zur Neige ging, führte der Räuberjunge sie über eine Waldwiese, die von nackten Laubbäumen und grünen Nadelbäumen umgeben war. Hinter der Wiese erhob sich eine Felswand, und in der Felswand war eine Tür aus rohen Planken. Abt Johannes stieg vom Pferd. Das Kind öffnete ihm die schwere Tür, und er sah eine ärmliche Berggrotte mit nackten Steinwänden. Die Räubermutter saß an einem Blockfeuer, das mitten auf dem Boden brannte; an den Wänden waren Lagerstätten aus Tannenreisig und Moos, und auf einer von ihnen lag der Räubervater und schlief.

»Kommt herein, ihr dort draußen!«, rief die Räubermutter, ohne aufzusehen. »Und nehmt die Pferde mit, damit sie nicht draußen in der Nachtkälte zugrunde gehen!«

Abt Johannes trat nun kühnlich in die Grotte, und der Laienbruder folgte ihm. Da sah es ganz ärmlich und dürftig und gar nicht weihnachtlich aus. Die Räubermutter hatte weder gebraut noch gebacken; sie hatte weder gefegt noch gescheuert. Ihre Kinder lagen auf der Erde rings um einen Kessel, in dem nur dünne Wassergrütze war.

Doch die Räubermutter war ebenso stolz und selbstbewusst wie nur irgendeine wohlbestallte Bauersfrau.

»Setze dich nun hier ans Feuer, Abt Johannes, und wärme dich«, sagte sie, »und wenn du Wegzehrung mitgebracht hast, so iss, denn was wir hier im Wald kochen, wird dir wohl nicht munden. Und wenn du vom Ritt müde bist, kannst du dich auf einer dieser Lagerstätten ausstrecken. Du brauchst keine Angst zu haben, dass du verschlafen könntest. Ich sitze hier am Feuer und wache, ich werde dich schon wecken, damit du zu sehen bekommst, wonach du geritten bist.«

Abt Johannes gehorchte der Räubermutter in allen Stücken und nahm seinen Schnappsack hervor. Aber er war nach dem Ritt so müde, dass er kaum zu essen vermochte; und sowie er sich auf dem Lager ausgestreckt hatte, schlummerte er ein.

Dem Laienbruder ward auch eine Ruhestatt angewiesen, aber er wagte nicht, zu schlafen. Er wollte ein wachsames Auge auf den Räubervater haben, damit dieser nicht aufstünde und Abt Johannes fesselte. Allmählich jedoch erlangte die Müdigkeit auch über ihn solche Gewalt, dass er einschlummerte. Als er erwachte, sah er, dass Abt Johannes sein Lager verlassen hatte, am Feuer saß und mit der Räubermutter Zwiegespräch pflog. Der Räubervater saß daneben. Er war ein hochaufgeschossener magerer Mann und sah schwerfällig und trübsinnig aus. Er kehrte Abt Johannes den Rücken, und es sah aus, als wolle er nicht zeigen, dass er dem Gespräch lauschte. Abt Johannes erzählte der Räubermutter von den Weihnachtsvorbereitungen, die er unterwegs gesehen hatte. Er erinnerte sie an die Weihnachtsfeste und die fröhlichen Weihnachtsspiele, die wohl auch sie in ihrer Jugend mitgemacht hatte, als sie noch nicht geächtet war, sondern in Frieden unter den Menschen lebte.

»Es ist ein Jammer, dass eure Kinder nie auf der Dorfstraße umhertollen oder im Weihnachtsstroh spielen dürfen«, sagte Abt Johannes. Die Räubermutter hatte ihm kurz und barsch geantwortet, aber so allmählich wurde sie kleinlauter und lauschte eifrig. Plötzlich wendete sich der Räubervater gegen Abt Johannes und hielt ihm die geballte Faust vor das Gesicht.

»Du elender Mönch, bist du hierhergekommen, um Weib und Kinder von mir fortzulocken? Weißt du nicht, dass ich ein friedloser Mann bin und diesen Wald nicht verlassen darf?«

Abt Johannes sah ihm unerschrocken und gerade in die Augen.

»Mein Wille ist es, dir einen Freibrief vom Erzbischof zu verschaffen«, sagte er. Kaum hatte er dies gesagt, als der Räubervater und die Räubermutter ein schallendes Gelächter anschlugen. Sie wussten nur zu wohl, welche Gnade ein Waldräuber vom Bischof Absalon zu erwarten hatte.

»Ja, wenn ich einen Freibrief von Absalon bekomme«, sagte der Räubervater, »dann gelobe ich dir, nie mehr auch nur eine Gans zu stehlen.«

Den Gärtnergehilfen verdross es sehr, dass das Räuberpack sich vermaß, Abt Johannes auszulachen, aber dieser selbst schien es ganz zufrieden zu sein. Der Knecht hatte ihn kaum je friedvoller und milder unter seinen Mönchen auf Öved sitzen sehen, als er ihn jetzt unter den wilden Räuberleuten sah.

Plötzlich sprang die Räubermutter auf.

»Du sitzest hier und plauderst, Abt Johannes«, sagte sie, »und wir vergessen ganz, nach dem Wald zu sehen. Jetzt höre ich bis in unsere Höhle, wie die Weihnachtsglocken läuten.«

Kaum war dies gesagt, als alle aufsprangen und hinausliefen; aber im Wald war noch dunkle Nacht und grimmiger Winter. Das Einzige, was man vernahm, war ferner Glockenklang, der von einem leisen Südwind hergetragen wurde.

›Wie soll dieser Glockenklang den toten Wald wecken können?‹, dachte Abt Johannes. Denn jetzt, wo er mitten im Waldesdunkel stand, schien es ihm viel unmöglicher als zuvor, dass hier ein Lustgarten erstehen könnte.

Aber als die Glocke ein paar Augenblicke geläutet hatte, zuckte plötzlich ein Lichtstrahl durch den Wald. Gleich darauf wurde es wieder dunkel, aber dann kam das Licht wieder. Es kämpfte sich wie ein leuchtender Nebel durch die dunklen Bäume. Langsam ging die Dunkelheit in schwache Morgendämmerung über.

Da sah Abt Johannes den Schnee vom Boden verschwinden, als hätte jemand einen Teppich fortgezogen; und die Erde begann zu grünen. Das Farnkraut streckte seine Triebe hervor. Die Erika, die auf der Steinhalde wuchs, und der Porsch, der im Moor wurzelte, kleideten sich rasch in frisches Grün. Die Mooshügelchen schwollen und hoben sich; und die Frühlingsblumen schossen mit schwellenden Knospen auf und hatten schon einen Schimmer von Farbe.

Abt Johannes klopfte das Herz heftig, als er die ersten Zeichen sah, dass der Wald erwachen wollte. – ›Soll nun ich alter Mann ein solches Wunder schauen?‹, dachte er. Und die Tränen wollten ihm in die Augen treten.

Nun wurde es wieder so dämmrig, dass er fürchtete, die nächtliche Finsternis könnte aufs Neue Macht erlangen. Aber sogleich flutete eine neue Lichtwelle herein. Die brachte das Bachgemurmel und das Rauschen eisbefreiter Bergströme mit. Da schlugen die Blätter der Laubbäume so rasch aus, als hätten sich grüne Schmetterlinge auf den Zweigen niedergelassen. Und nicht nur die Bäume und Pflanzen erwachten. Die Kreuzschnäbel begannen über die Zweige zu hüpfen. Die Spechte hämmerten an die Stämme, dass die Holzsplitter nur so flogen. Ein Zug Stare ließ sich in einem Tannenwipfel nieder, um auszuruhen. Es waren prächtige Stare. Die Spitze jedes kleinen Federchens leuchtete glänzend rot. Wenn die Vögel sich bewegten, glitzerten sie wie Edelsteine. Wieder wurde es für ein Weilchen still, aber bald begann es von Neuem. Ein starker, warmer Südwind blies und säte über die Waldwiese alle die Samen aus südlichen Ländern, die von Vögeln und Schiffen und Winden in das Land gebracht worden waren. Sie schlugen Wurzeln und schossen Triebe in dem Augenblick, da sie den Boden berührten.

Als die nächste Welle kam, fingen Blaubeeren und Preiselbeeren zu blühen an. Wildgänse und Kraniche riefen hoch oben in der Luft; die Buchfinken bauten ihr Nest; Eichhörnchen spielten in den Baumzweigen.

Alles ging nun so rasch, dass Abt Johannes gar nicht mehr überlegen konnte; er konnte nur Augen und Ohren weit aufmachen. Die nächste Welle, die herangebraust kam, brachte den Duft frisch gepflügter Felder. Aus weiter Ferne hörte man Hirtinnen die Kühe locken und die Glöckchen der Lämmer klingeln. Tannen und Fichten bekleideten sich so dicht mit kleinen roten Zapfen, dass die Bäume wie Seide leuchteten. Der Wacholder trug Beeren, die jeden Augenblick die Farbe wechselten. Und die Waldblumen bedeckten den Boden, dass er ganz weiß und blau und gelb war. Abt Johannes beugte sich zur Erde und brach eine Erdbeerblüte. Und während er sich aufrichtete, reifte die Beere. Die Füchsin kam mit einer großen Schar von schwarzbeinigen Jungen aus ihrer Höhle. Sie ging auf die Räubermutter zu und rieb sich an ihrem Rock. Die Räubermutter beugte sich zu ihr hinunter und lobte ihre Jungen. Der Uhu, der eben seine nächtliche Jagd begonnen hatte, kehrte ganz erstaunt über das Licht wieder nach Hause zurück, suchte seine Schlucht auf und legte sich schlafen. Der Kuckuck rief; und das Kuckucksweibchen umkreiste mit einem Ei im Schnabel die Nester der Singvögel.

Die Kinder der Räubermutter stießen zwitschernde Freudenschreie aus. Sie aßen sich an den Waldbeeren satt, die groß wie Tannenzapfen an den Sträuchern hingen. Eines spielte mit einer Schar junger Hasen, ein anderes lief mit den jungen Krähen um die Wette, die aus dem Nest gehüpft waren, das dritte hob die Natter vom Boden und wickelte sie sich um den Hals und Arm.

Der Räubervater stand draußen auf dem Moor und aß Brombeeren. Als er aufsah, stand ein großes schwarzes Tier neben ihm. Da brach der Räubervater einen Weidenzweig und schlug dem Bären auf die Schnauze.

»Bleib du, wo du hingehörst«, sagte er. »Das ist mein Platz.« Da machte der Bär kehrt und trabte davon.

Immer wieder kamen neue Wellen von Wärme und Licht. Entengeschnatter klang vom Waldmoor herüber. Gelber Blütenstaub von den Feldern schwebte in der Luft. Schmetterlinge kamen, so groß, dass sie wie fliegende Lilien aussahen. Das Nest der Bienen in einer hohlen Eiche war schon so voll von Honig, dass er am Stamm heruntertropfte. Jetzt begannen auch die Blumen sich zu entfalten, deren Samen aus fremden Ländern gekommen waren. Die Rosenbüsche kletterten um die Wette mit den Brombeeren die Felswand hinan, und oben auf der Waldwiese sprossen Blumen, so groß wie ein Menschengesicht. Abt Johannes dachte an die Blume, die er für Bischof Absalon pflücken wollte, aber eine Blume wuchs herrlicher heran als die andere, und er wollte die allerschönste wählen.

Welle um Welle kam, und jetzt war die Luft so von Licht durchtränkt, dass sie glitzerte. Und alle Lust und aller Glanz und alles Glück des Sommers lächelte rings um Abt Johannes. Es war ihm, als könnte die Erde keine größere Freude bringen. Aber das Licht strömte noch immer, und Abt Johannes fühlte, dass überirdische Luft ihn umwehte. Zitternd erwartete er des Himmels Herrlichkeit. Abt Johannes merkte, dass alles still wurde: Die Vögel verstummten, die jungen Füchslein spielten nicht mehr, und die Blumen hörten auf zu wachsen. Eine Seligkeit nahte, die das Herz stillstehen ließ; das Auge weinte, ohne dass es darum wusste, die Seele sehnte sich, in die Ewigkeit hinüberzufliegen. Aus weiter, weiter Ferne hörte man leise Harfentöne und überirdischen Gesang. Abt Johannes faltete die Hände und sank in die Knie. Sein Gesicht strahlte von Seligkeit. Nie hatte er erwartet, dass es ihm beschieden sein würde, schon in diesem Leben des Himmels Wonne zu kosten und die Engel Weihnachtslieder singen zu hören.

Aber neben Abt Johannes stand der Gärtnergehilfe, der ihn begleitet hatte. Er sah den Räuberwald voll Grün und Blumen, und er wurde zornig in seinem Herzen, weil er erkannte, dass er einen solchen Lustgarten nie und nimmer schaffen konnte, sosehr er sich auch mit Hacke und Spaten mühen mochte. Er vermochte nicht zu begreifen, warum Gott solche Herrlichkeit an das Räubergesindel verschwende, das seine Gebote missachtete.

Finstere Gedanken zogen durch seinen Kopf. ›Das kann kein rechtes Wunder sein‹, dachte er, ›das sich bösen Missetätern zeigt. Das kann nicht von Gott stammen; das ist aus Zauberei entsprungen. Die Macht des bösen Feindes hat uns verhext und zwingt uns, das zu sehen, was nicht vorhanden ist.‹

In der Ferne hörte man Engelsharfen klingen und Engelsgesang ertönen, aber der Laienbruder glaubte, dass es die böse Macht des Teufels sei.

»Sie wollen uns locken und verführen«, seufzte er, »nie kommen wir mit heiler Haut davon; wir werden betört und der Hölle verkauft.«

Jetzt waren die Engelscharen so nahe, dass Abt Johannes ihre Lichtgestalten zwischen den Stämmen des Waldes schimmern sah. Und der Laienbruder sah dasselbe wie er, aber er hielt es für Arglist der bösen Geister und war empört, dass sie ihre Künste gerade in der Nacht trieben, in der der Heiland geboren war. Dies geschah ja nur, um die Christen umso sicherer ins Verderben zu stürzen.

Vögel umschwärmten das Haupt des Abtes, und er nahm sie in seine Hände. Aber vor dem Laienbruder fürchteten sich die Tiere; kein Vogel setzte sich auf seine Schulter, und auch keine Schlange spielte zu seinen Füßen. Nun war da eine kleine Waldtaube. Als sie merkte, dass die Engel nahe waren, nahm sie ihren ganzen Mut zusammen und flog dem Laienbruder auf die Schulter und

schmiegte das Köpfchen an seine Wange. Da vermeinte er, dass ihm der Zauber endgültig auf den Leib rückte. Er wollte sich aber nicht in Versuchung führen und verderben lassen; er schlug mit der Hand nach der Waldtaube und rief mit lauter Stimme, dass es durch den Wald hallte:
»Zeuch zur Hölle, von wannen du kommen bist!«
In diesem Augenblick waren die Engel so nahe, dass Abt Johannes den Hauch ihrer mächtigen Fittiche fühlte. Er hatte sich zur Erde geneigt, sie zu grüßen, aber als die Worte des Laienbruders ertönten, verstummte urplötzlich ihr Gesang, und die heiligen Gäste wandten sich zur Flucht. Ebenso flohen das Licht und die milde Wärme vor Schreck über die Kälte und Finsternis in einem Menschenherzen. Die Dunkelheit sank wieder auf die Erde herab; die Kälte kam, die Pflanzen verwelkten, die Tiere enteilten; das Rauschen der Wasserfälle verstummte; das Laub fiel von den Bäumen.
Abt Johannes fühlte, wie sein Herz, das eben vor Seligkeit gezittert hatte, sich jetzt in unsäglichem Schmerz zusammenkrampfte. Niemals kann ich dies überleben, dachte er, dass die Engel des Himmels mir so nahe waren und vertrieben wurden, dass sie mir Weihnachtslieder singen wollten und in die Flucht gejagt wurden.

In demselben Augenblick erinnerte er sich an die Blume, die er Bischof Absalon versprochen hatte, und er beugte sich zur Erde und tastete unter dem Moos und Laub, um noch etwas zu finden. Aber er fühlte, wie die Erde unter seinen Fingern gefror, und wie der weiße Schnee über den Boden geglitten kam. Da ward sein Herzeleid noch größer. Er konnte sich nicht erheben, sondern musste auf dem Boden liegen bleiben.
Als die Räubersleute und der Laienbruder sich in der tiefen Dunkelheit zur Höhle zurückgetappt hatten, da vermissten sie Abt Johannes. Sie nahmen glühende Scheite aus dem Feuer und zogen aus, ihn zu suchen; und sie fanden ihn tot auf der Schneedecke liegen. Und der Laienbruder hub an zu weinen und zu klagen, denn er erkannte, dass er es war, der Abt Johannes getötet hatte, weil er ihm den Freudenbecher entrissen, nach dem er gelechzt hatte.

Als Abt Johannes nach Öved hinuntergebracht worden war, sahen die Totenpfleger, dass er seine rechte Hand hart um etwas geschlossen hielt. Er musste es in seiner Todesstunde umklammert haben. Und als sie die Hand endlich öffnen konnten, fanden sie ein paar weiße Wurzelknollen. Als der Laienbruder, der Abt Johannes geleitet hatte, diese Wurzeln sah, nahm er sie und pflanzte sie in des Abtes Garten in die Erde.

Er pflegte sie und wartete das ganze Jahr, dass eine Blume daraus erblühe, doch er wartete vergebens den ganzen Frühling und Sommer und Herbst. Als endlich der Winter anbrach und alle Blätter und Blumen tot waren, hörte er auf zu warten. Als aber der Weihnachtsabend kam, wurde die Erinnerung an Abt Johannes so mächtig, dass er in den Lustgarten hinausging, seiner zu gedenken. Und siehe, als er an die Stelle kam, wo er die Wurzelknollen eingepflanzt hatte, da sah er üppige grüne Stängel, die schöne Blumen mit silberweißen Blüten trugen. Da rief er alle Mönche von Öved zusammen; und als sie sahen, dass diese Pflanze am Weihnachtsabend blühte, wo alle anderen Blumen tot waren, wussten sie, dass es wirklich die Pflanze war, die Abt Johannes im Weihnachtslustgarten des Göinger Waldes gepflückt hatte. Der Laienbruder bat die Mönche, da ein so großes Wunder geschehen sei, einige von den Blumen dem Bischof Absalon zu schicken. Als der Laienbruder vor Bischof Absalon hintrat, reichte er ihm die Blumen und sagte: »Dies schickt dir Abt Johannes. Es sind die Blumen, die er dir aus dem Weihnachtslustgarten im Göinger Wald versprach.«

Als Bischof Absalon die Blumen sah, die in dunkler Winternacht der Erde entsprossen waren, und als er die Worte hörte, wurde er so bleich, als wäre er einem Toten begegnet. Eine Weile saß er schweigend da, dann sagte er: »Abt Johannes hat sein Wort gut gehalten; so will auch ich das meine halten.« Und er ließ einen Freibrief für den wilden Räuber ausstellen, der von Jugend an friedlos im Wald gelebt hatte.

Er übergab dem Laienbruder den Brief, und dieser zog damit von dannen, hinauf in den Wald und zur Räuberhöhle. Er trat am Weihnachtstag dort ein, doch der Räuber eilte ihm mit erhobener Axt entgegen.

»Ich will euch Mönche niederschlagen, so viel euer auch sind!«, rief er. »Sicherlich hat sich um euretwillen der Göinger Wald in dieser Nacht nicht in sein Weihnachtskleid gehüllt.«

»Es ist einzig und allein meine Schuld«, sagte der Laienbruder, »und ich will gerne dafür sterben. Aber zuerst muss ich dir eine Botschaft von Abt Johannes bringen.« Und er zog den Brief des Bischofs heraus und verkündete ihm, dass er nicht mehr vogelfrei sei, und zeigte ihm das Siegel Absalons, das an dem Pergament hing.

»Fortab sollst du mit deinen Kindern im Weihnachtsstroh spielen und das Christfest unter den Menschen feiern, wie es der Wunsch des Abtes Johannes war«, sagte er.

Da blieb der Räubervater stumm und bleich stehen, aber die Räubermutter sagte in seinem Namen: »Abt Johannes hat sein

Wort getreulich gehalten, so wird auch der Räubervater das seine halten.«

Doch als der Räubervater und die Räubermutter aus der Räuberhöhle fortzogen, da zog der Laienbruder ein, hauste einsam im Wald und verbrachte seine Zeit in unablässigem Gebet, damit ihm seine Hartherzigkeit verziehen werde.

Und niemand darf ein strenges Wort über einen sagen, der bereut und sich bekehrt hat, wohl aber kann man wünschen, dass die bösen Worte des Laienbruders ungesagt geblieben wären, denn nie mehr hat der Göinger Wald die Geburtsstunde des Heilands gefeiert, und von seiner Herrlichkeit lebt nur noch die Pflanze, die Abt Johannes dereinst gepflückt hat.

Man hat sie Christrose genannt; und jedes Jahr lässt sie ihre weißen Blüten und ihre grünen Stängel um die Weihnachtszeit aus dem Erdreich sprießen, als könnte sie nie und nimmer vergessen, dass sie einmal in dem großen Weihnachtslustgarten gestanden hat.

Gottesfriede

Es war einmal ein alter Bauernhof, und es war ein Weihnachtsabend mit grauem Himmel, wie vor einem großen Schneefall, und mit scharfem Nordwind. Am Nachmittag war es, gerade um die Zeit, wo alle Leute es eilig hatten, ihre Arbeit zu Ende zu bringen, damit sie dann in der Badehütte baden konnten. Dort drinnen feuerte man so heftig ein, dass die Flammen zum Schornstein hinausschlugen und eine Menge Funken und Rußflocken mit dem Wind flogen und auf die schneebedeckten Schindeldächer niederfielen.

Wie die Flamme so aus dem Schornstein der Badehütte aufstieg und sich gleich einer Feuersäule über den Bauernhof erhob, begannen alle zu spüren, dass Weihnachten vor der Tür stand. Die Magd, die im Hausflur lag und scheuerte, fing leise zu singen an, obgleich das Scheuerwasser in dem Kübel neben ihr zu Eis gefror, die Knechte, die im Schuppen standen und das Weihnachtsholz hackten, begannen zwei Scheite auf einmal zu spalten und schwangen die Axt so lustig, als wäre die Arbeit nur ein Spiel.

Aus dem Speicher kam eine alte Frau mit einem großen Haufen

runder Gewürzbrote auf dem Arm. Sie ging langsam über den Hof in das große rot gestrichene Wohnhaus und trat vorsichtig in die Wohnstube, wo sie die Brote auf die lange Bank hinlegte. Dann breitete sie ein Tuch auf den Tisch und legte das Brot in Häufchen, je ein großes und ein kleines.

Sie war eine seltsam hässliche alte Frau, mit rötlichem Haar, schweren, schlaffen Augenlidern und einem eigenen, so strammen Zug um Mund und Kinn, als wären die Halssehnen zu kurz. Aber nun am Weihnachtsabend war eine solche Freude und ein solcher Friede über ihr, dass man gar nicht sehen konnte, wie hässlich sie war.

Einen Menschen aber gab es auf dem Hof, der nicht vergnügt war, und das war das Mädchen, welches die Birkenruten band, die beim Baden benützt werden sollten. Sie saß am Herd, einen ganzen Arm voll feiner Birkenreiser vor sich auf dem Boden, und band; doch hatte sie keine haltbaren Gerten, um die Zweige zusammenzubinden. Die Wohnstube hatte ein breites, niedriges Fenster mit kleinen Scheiben, und durch diese fiel der Schein aus der Badehütte ins Zimmer, spielte auf dem Fußboden und vergoldete das Birkenreisig. Aber je lustiger das Feuer brannte, desto unglücklicher wurde das Mädchen. Sie wusste, dass die Rutenbüschel auseinanderfallen müssten, sobald man sie nur anrührte, und dass sie darum Spott und Schmach erleiden würde, zum Mindesten so lange, bis ein neues Weihnachtsfeuer in diesem Schornstein flammte.

Wie sie so dasaß und sich unglücklich fühlte, trat der Mann in die Stube, vor dem sie die allergrößte Angst hatte. Es war der Hausvater Ingmar Ingmarson in eigener Person. Sicherlich war er in der Badehütte gewesen, um sich zu vergewissern, dass der Ofen heiß genug wurde; und nun wollte er sehen, wie es mit den Rutenbüscheln stünde. Er war alt, Ingmar Ingmarson, und er hielt auf alles, was alt war. Und gerade weil die Leute es jetzt aufzugeben begannen, in der Badehütte zu baden und sich mit Birkenreisern peitschen zu lassen, legte er großes Gewicht darauf, dass es auf seinem Hof geschehe, und ordentlich geschehe.

Ingmar Ingmarson trug einen alten Schafpelz und Lederhosen und Pechdrahtstiefel. Er war schmutzig und unrasiert und kam in seiner bedächtigen Art so leise herein, dass man ihn ebenso gut für einen Bettler hätte halten können. Er zeigte ungefähr dieselben Züge und dieselbe Hässlichkeit wie die Frau; sie waren miteinander verwandt. Das Mädchen hatte von alters her gelernt, eine heilige Ehrfurcht vor jedem zu haben, der dieses Aussehen hatte. Denn es bedeutete viel, dem alten Geschlecht der Ingmarsöhne anzugehören, das allezeit das vornehmste in der Gegend gewesen war; aber das Höchste, was ein Mensch sein konnte, war Ingmar Ingmarson selbst, der Reichste, der Klügste und der Mächtigste im ganzen Kirchspiel.

Ingmar Ingmarson kam auf das Mädchen zu, bückte sich, nahm eines der fertigen Rutenbüschel und schwang es durch die Luft. Sogleich flogen die Ruten auseinander; eine landete auf dem Weihnachtstisch und eine andere im Himmelbett.

»Hei, min Deern«, sagte der alte Ingmar und lachte, »glaubst du, dass man solche Ruten brauchen kann, wenn man bei den Ingmarsöhnen badet? Oder hast du solche heillose Angst um deine Haut?«

Da der Hausvater es nicht übel aufnahm, fasste das Mädchen Mut und sagte, sie wolle schon Rutenbüschel binden, die hielten, wenn man ihr nur Gerten zum Binden gäbe.

»Dann muss man dir wohl Gerten schaffen, min Deern«, sagte der alte Ingmar, denn er war in rechter Weihnachtsstimmung.

Er ging aus der Wohnstube, kletterte über die Magd mit dem Scheuereimer hinweg und blieb auf der Türschwelle stehen, sich nach jemand umzusehen, den er in den Birkenhain um Gerten schicken könnte.

Die Knechte waren noch bei dem Weihnachtsholz, der Sohn kam mit dem Weihnachtsstroh aus der Tenne, die beiden Schwiegersöhne schleppten eben die Arbeitswagen in die Schuppen, damit der Hof feiertäglich aussähe. Keiner von ihnen hatte Zeit, sich aus dem Haus zu entfernen.

Da beschloss der Alte ganz gelassen, sich selbst auf den Weg zu machen. Er ging schräg über den Hof, als wolle er in den Stall, sah sich um, sich zu vergewissern, dass niemand auf ihn achtgäbe, und schlüpfte dann hinter die Stallwand, wo ein halbwegs gebahnter Weg in den Wald hinaufführte. Der Alte hielt es nicht für nötig, jemand zu sagen, wohin er ging, denn sonst hätte es vielleicht dem Sohn oder einem der Schwiegersöhne einfallen können, ihn abzuhalten. Und alte Leute wollen nun einmal am liebsten ihren eigenen Willen haben.

Er schlug den Weg über die Felder durch das kleine Tannenwäldchen ein und kam zu dem Birkenhain. Hier bog er vom Weg ab und watete in den Schnee hinauf, um ein paar einjährige Birkenschösslinge zu finden.

Um diese Zeit hatte der Wind endlich erreicht, woran er den ganzen Tag gearbeitet hatte: Er hatte den Schnee aus den Wolken losgerissen, und jetzt kam er den Wald heraufgefegt, mit einer langen Schleppe von Schneeflocken hinter sich.

Ingmar Ingmarson bückte sich eben, um einen Zweig abzuschneiden, als der Wind, ganz mit Schnee beladen, heransauste. In dem

Augenblick, als der alte Mann sich aufrichtete, pustete der Wind los und blies ihm einen Haufen Flocken ins Gesicht. Er bekam die Augen voll Schnee, und der Wind wirbelte so heftig rings um ihn, dass er sich ein paarmal herumdrehen musste.

Das ganze Unglück kam wohl daher, dass Ingmar Ingmarson alt geworden war. In seinen Jugendtagen hätte ihn ein Schneesturm wohl kaum schwindelig gemacht, aber jetzt drehte sich alles im Kreis, als wenn er sich in einer Weihnachtspolka herumgeschwungen hätte. Und als er heimwärts gehen wollte, ging er gerade nach der verkehrten Richtung. Er ging geradewegs in den großen Tannenwald hinein, der hinter dem Birkenhain anfing, anstatt zu den Feldern hinunter.

Die Dunkelheit brach schnell herein, und unter den jungen Bäumen am Waldessaum trieb das Schneegestöber sein Spiel weiter. Der Alte sah wohl, dass er zwischen Tannen ging, aber er merkte nicht, dass er fehlgegangen war; denn auch auf der Seite des Birkenwaldes, die dem Hofe zugekehrt war, wuchsen Tannen.

Aber nun kam er so tief in den Wald hinein, dass es ganz ruhig und still wurde. Von dem Sturm war nichts mehr zu spüren, und die Bäume wurden hoch und großstämmig.

Da sah er, dass er in die Irre gegangen war, und wollte umkehren. Er war ganz traumselig und erregt davon, dass er sich hatte verirren können; und wie er so mitten in dem weglosen Wald stand, war er nicht klar genug im Kopf, um zu wissen, wohin er gehen müsste. Er schlug zuerst eine Richtung ein und dann wieder eine andere.

Endlich kam es ihm in den Sinn, in seinen eigenen Fußstapfen zurückzugehen, dann jedoch brach die Dunkelheit herein, und er konnte die Fußstapfen nicht mehr finden. Und höher und höher wurden die Bäume um ihn. Er mochte gehen, wie er wollte, – er merkte schon, dass er sich weiter und weiter vom Waldsaum entfernte.

Es war rein wie verhext und verzaubert: Den ganzen Abend musste er hier im Wald herumlaufen und kam gewiss zu spät zum Baden.

Er drehte die Mütze um und knüpfte sein Strumpfband anders, aber er blieb ebenso wirr im Kopf wie zuvor, und es wurde ganz dunkel, und er fing an zu glauben, dass er die Nacht über im Wald bleiben müsste.

Er lehnte sich an einen Tannenbaum und stand still, um seine Gedanken zu sammeln. Mit diesem Wald war er doch so wohlvertraut. Er war hier so viel umhergegangen, dass er fast jeden Baum kannte. Als Knabe war er hier umhergelaufen und hatte die Schafe gehütet, war er auf Schleichwegen gegangen und hatte den

Waldvögeln Fallen gestellt. In seiner Jugend hatte er mitgeholfen, den Wald zu fällen. Er hatte ihn abgeholzt daliegen und er hatte ihn aufs Neue wachsen sehen.

Endlich kam es ihm vor, als ob er wieder wüsste, wo er war, und er glaubte, wenn er nur so und so ginge, müsste er auf den rechten Weg kommen. Aber wie er auch ging – er kam nur tiefer und tiefer in das Waldesdickicht.

Einmal fühlte er festen, glatten Boden unter dem Fuß, und da sagte er sich, dass er nun endlich auf einen Weg gekommen wäre. Den versuchte er nun weiterzugehen, denn ein Weg musste doch irgendwohin führen.

Aber nun lief der Weg in eine Waldwiese aus, und da hatte das Schneegestöber freien Spielraum, da gab es keinen Pfad mehr – nur Schneehaufen und Schneegruben. Da sank dem Alten der Mut, und er fühlte sich als ein armer Wicht, der draußen in der Wildnis sterben müsste.

Er begann es müde zu werden, sich durch den Schnee zu schleppen; und ein ums andere Mal setzte er sich auf einen Stein, um auszuruhen. Aber sobald er sich setzte, wurde er schläfrig, und er wusste, dass er erfrieren musste, wenn er einschlummerte. Darum versuchte er, zu gehen und zu gehen – das war ja das Einzige, was ihn retten konnte.

Aber wie er so ging, konnte er der Lust nicht widerstehen, zu rasten. Er dachte, wenn er nur ruhen dürfte, fragte er gar nicht viel danach, ob es ihn das Leben koste.

Es bereitete ihm ein solches Wohlgefühl, stillzusitzen, dass der Todesgedanke ihn gar nicht beängstigte. Er empfand sogar eine Art Freude, wenn er daran dachte, dass lange Personalien über ihn in der Kirche verlesen werden würden, wenn er tot wäre. Er erinnerte sich, wie schön der alte Propst über seinen Vater gesprochen hatte, und sicherlich würde auch über ihn etwas Schönes gesagt werden. Es würde gesagt werden, dass er den ältesten Bauernhof im Tal gehabt hätte, und es würde von der Ehre gesprochen werden, die darin läge, einem so ansehnlichen Geschlecht zu entstammen. Und auch von der Verantwortung würde die Rede sein.

Ja, ja. Verantwortung war bei der Sache, das hatte er immer gewusst. Man musste bis zum Äußersten ausharren, wenn man einer von den Ingmarsöhnen war.

Und plötzlich durchzuckte es ihn blitzartig, dass es nicht rühmlich für ihn wäre, erfroren im wilden Wald gefunden zu werden. Das wollte er nicht in seinem Nachruf haben. Und so stand er wieder auf und begann zu wandern. Doch da hatte er so lange stillgesessen, dass ganze Schneemengen sich aus seinem Pelz wälzten, als er sich zu rühren begann. Und nach einem Weilchen saß er wieder da und träumte.

Jetzt kamen die Todesgedanken noch lockender zu ihm. Er dachte das ganze Begräbnis durch und alle die Ehren, die seinem toten Leib erwiesen werden würden.

Er sah den großen Gastmahltisch im Festsaal des oberen Stockwerkes gedeckt, den Propst und die Pröpstin auf dem Hochsitz, den Richter mit der weißen Krause über der schmalen Brust, die Majorin in schwarzer Seide, die dicke Goldkette viele Male um den Hals geschlungen.

Er sah alle Gastzimmer weiß bezogen, weiße Laken vor den Fenstern. Weiß auf allen Möbeln. Tannenreisig auf dem Weg vom Hausflur bis hinab zur Kirche. Und ein Backen und Schlachten und Brauen zwei Wochen vor dem Begräbnis. Zwanzig Klafter Holz in vierzehn Tagen verheizt.

Die Leiche auf einer Bahre im inneren Zimmer, Kohlendunst in den frisch geheizten Stuben. Gesang an der Leiche, wenn der Sargdeckel zugeschraubt wird, Silberplatten auf dem Sarg. Der Hof voll Gäste. Das ganze Dorf in Bewegung, um das »Mitgebrachte« zu bereiten, alle Kirchenhüte gebürstet, der ganze Herbstbranntwein beim Leichenschmaus ausgetrunken, alle Wege voll von Menschen wie an einem Markttag.

Wieder fuhr der Alte auf. Er hatte sie beim Leichenschmaus von sich sprechen hören. »Aber wie konnte er denn in dieser Weise erfrieren?«, fragte der Amtsrichter. »Was hatte er denn überhaupt oben im Hochwald zu tun?« Und da antwortete der Kapitän, das habe wohl das Weihnachtsbier und der Branntwein gemacht.
Und dies weckte ihn aufs Neue.
Die Ingmarsöhne waren nüchterne Leute. Es sollte nicht von ihm heißen, er wäre in seiner letzten Stunde nicht bei Sinnen gewesen.
Er begann wieder zu gehen und zu gehen. Aber er war so müde, dass er kaum auf den Füßen stehen konnte. Er war jetzt ganz hoch oben im Wald, das merkte er; denn es war ein unwegsamer Boden voll von großen Felsblöcken, wie sie weiter unten nicht zu finden waren. Er blieb mit dem Fuß zwischen ein Paar Steinen hängen, sodass er sich kaum losmachen konnte; und nun stand er da und jammerte laut. Jetzt war es um ihn geschehen.
Und plötzlich fiel er zu Boden in einen großen Reisighaufen. Er fiel ganz weich auf Schnee und Reisig, sodass ihm kein Leid geschah; aber jetzt konnte er nicht mehr aufstehen. Er wollte nichts anderes mehr auf dieser Welt als schlafen. Er schob das Reisig ein bisschen beiseite und kroch hinein, als wäre es ein Fell. Aber wie er so den Körper unter die Zweige schob, spürte er, dass dort

drinnen im Haufen etwas lag, was warm und weich war. ›Hier liegt gewiss ein Bär und schläft‹, dachte er.

Er fühlte, wie das Tier sich rührte, und hörte, wie es rings um sich witterte. Er lag ganz still. Er dachte, seinethalben könne der Bär ihn schon auffressen. Er vermochte kein Glied zu regen, um ihm zu entkommen.

Aber der Bär schien ihm, der in einer solchen Unwetternacht unter seinem Dach Schutz suchte, nichts zuleide tun zu wollen. Er schob sich etwas tiefer in seine Höhle, als wolle er dem Gast Platz machen, und gleich darauf schlief er mit gleichmäßigen, sausenden Atemzügen.

Unterdessen hatten sie unten auf dem alten Ingmarshof nicht viel Weihnachtsfreude gehabt. Den ganzen Heiligen Abend hatten sie Ingmar Ingmarson gesucht.

Zuerst waren sie im ganzen Wohnhaus und in allen Wirtschaftsgebäuden umhergegangen. Sie hatten vom Boden bis zum Keller gesucht, dann waren sie in die Nachbarhöfe gegangen und hatten dort nach Ingmar Ingmarson gefragt.

Als sie ihn nirgends fanden, hatten Söhne und Schwiegersöhne sich auf die Felder und Äcker hinausbegeben. Die Fackeln, die den Kirchenwanderern auf dem Weg zur Weihnachtsmette hätten leuchten sollen, wurden nun angezündet und in dem rasenden Schneegestöber auf allen Wegen und Stegen umhergetragen. Aber der Wind hatte alle Spuren verweht, und sein Heulen übertönte den Laut der Stimmen, wenn sie zu rufen und zu schreien versuchten.

Bis weit über Mitternacht waren sie draußen, aber endlich sahen sie ein, dass sie bis zum Tagesanbruch warten müssten, wenn sie den Verschwundenen finden wollten.

Kaum dämmerte das Morgenrot, so waren alle Leute im Ingmarshof wieder auf den Beinen, und die Männer standen im Hof, bereit, in den Wald hinauszuziehen. Aber ehe sie sich noch aufgemacht hatten, kam die alte Hausmutter und rief sie in die Wohnstube. Sie hieß sie, sich auf die langen Bänke in der Stube setzen, und sie selbst setzte sich an den Weihnachtstisch, mit der Bibel vor sich, und begann zu lesen. Und als sie nach ihren schwachen Kräften gesucht hatte, was in einer solchen Stunde angemessen wäre, da hatte sie die Geschichte von dem Mann gefunden, der von Jerusalem nach Jericho ging und unter die Mörder fiel.

Sie las langsam und singend von dem armen Mann, dem der barmherzige Samariter zu Hilfe kam. Söhne und Schwiegersöhne, Töchter und Enkeltöchter saßen ringsumher auf den Bänken. Sie alle glichen ihr und einander: groß und schwerfällig, mit hässlichen, altklugen Gesichtern, denn alle waren sie von dem alten Stamm der Ingmarsöhne.

Allesamt hatten sie rötliches Haar, eine sommersprossige Haut und lichtblaue Augen mit weißen Wimpern. Im Übrigen konnten sie verschieden genug voneinander sein, aber alle hatten sie einen strengen Zug um den Mund, schläfrige Augen und ungelenke Bewegungen, als fiele ihnen alles schwer. Aber jedem von ihnen konnte man doch ansehen, dass sie zu den Ersten in der Gegend gehörten und selbst wussten, dass sie vornehmer waren als die anderen.

Alle Ingmarsöhne und Ingmartöchter seufzten bei dem Bibellesen tief. Sie fragten sich, ob wohl ein Samariter den Hausvater gefunden und sich seiner erbarmt hätte. Denn für alle Ingmarsöhne war es, als verlören sie etwas von ihrer eigenen Seele, wenn jemand, der zum Stamm gehörte, von einem Unglück getroffen wurde.

Die alte Frau las und las und kam zu der Frage: »Welcher dünkt dich, der unter diesen dreien der Nächste sei gewesen, dem, der unter die Mörder gefallen?«

Aber ehe sie noch die Antwort lesen konnte, ging die Tür auf, und der alte Ingmar trat in die Stube.

»Mutter, Vater ist da«, sagte eine der Töchter, und es wurde nicht mehr gelesen, dass des Mannes Nächster der gewesen war, der Barmherzigkeit an ihm getan hatte.

Etwas später am Tag saß die Hausmutter wieder auf demselben Platz und las in ihrer Bibel. Sie war allein. Die Frauen waren zur Kirche gegangen, und die Männer waren auf der Bärenjagd im Hochwald. Sowie Ingmar Ingmarson gegessen und getrunken hatte, hatte er die Söhne mitgenommen und war in den Wald auf die Bärenjagd gegangen. Denn es ist nun einmal so, dass es eines Mannes Pflicht ist, den Bären zu fällen, wo und wann er ihm auch begegnet. Es geht nicht an, einen Bären zu schonen; denn früher oder später findet er doch Geschmack am Fleisch und verschont dann weder Mensch noch Tier.
Aber seit sie auf die Jagd gegangen waren, war eine große Angst über die alte Hausmutter gekommen, und sie hatte zu lesen begonnen. Jetzt machte sie sich daran, was an diesem Tag in der Kirche gepredigt wurde, aber sie kam nicht weiter als bis zu dem Wort: »Friede auf Erden und den Menschen ein Wohlgefallen.« Sie blieb sitzen und starrte mit ihren erlöschenden Blicken diese

Worte an, und von Zeit zu Zeit stieß sie einen tiefen Seufzer aus. Sie las nicht weiter, sondern wiederholte nur ein ums andre Mal mit langsamer, schleppender Stimme: »Friede auf Erden und den Menschen ein Wohlgefallen.«

Da kam der älteste Sohn in die Stube, als sie sich gerade aufs Neue durch diese Worte schleppte.

»Mutter«, sagte er sehr leise.

Sie hörte ihn, schlug aber die Augen nicht vom Buch auf, als sie fragte: »Bist du nicht mit im Wald?«

»Doch«, sagte er noch leiser. »Ich bin dort gewesen.«

»Komm hierher zum Tisch«, sagte sie, »sodass ich dich sehen kann.«

Er kam näher, aber als ihr Blick auf ihn fiel, sah sie, dass er zitterte. Er musste sich auf die Tischkante stützen, um die Hände still halten zu können.

»Habt ihr den Bären erlegt?«, fragte sie wieder.

Jetzt konnte er nicht mehr antworten; er schüttelte nur den Kopf. Die Alte stand auf und tat, was sie nicht getan hatte, seit der Sohn ein Kind gewesen war. Sie ging auf ihn zu, legte liebkosend die Hand auf seinen Arm, streichelte ihm die Wange und zog ihn auf die Bank. Dann setzte sie sich neben ihn und hielt seine Hand in der ihren. »Sag mir jetzt, was geschehen ist, mein Junge.«

Der Bursche erkannte die Liebkosung wieder, die ihn in den Jahren der Kindheit getröstet hatte, wenn er unglücklich und hilflos war; und das rührte ihn so tief, dass er zu weinen anfing. »Ich kann mir denken, dass es etwas mit Vater ist«, sagte sie.
»Ja, aber es ist noch schlimmer«, schluchzte der Sohn.
»Noch schlimmer?«
Der Bursche weinte immer heftiger; er wusste nicht, wie er Macht über seine Stimme bekommen sollte. Endlich hob er die grobe Hand mit den breiten Fingern und wies auf die Stelle, die sie eben gelesen hatte: »Friede auf Erden.«
»Hat es etwas damit zu tun?«, fragte sie.
»Ja«, antwortete er.
»Mit dem Weihnachtsfrieden?«
»Ja.«
»Ihr wolltet heute Morgen eine böse Tat tun.«
»Ja.«
»Und Gott hat uns gestraft?«
»Gott hat uns gestraft.«
Endlich erfuhr sie, wie es zugegangen war. Sie hatten die Bärenhöhle gesucht, und als sie so nahe waren, dass sie den Reisighaufen sehen konnten, waren sie stehen geblieben, um die Gewehre in Ordnung zu bringen. Aber ehe sie noch fertig waren, kam der

Bär aus der Höhle gestürzt, gerade auf sie zu. Er sah weder nach rechts noch nach links, er kam gerade auf den alten Ingmar Ingmarson zu und versetzte ihm einen Schlag auf den Kopf, der ihn zu Boden streckte, als wäre er vom Blitz getroffen. Aber niemanden sonst fiel der Bär an, sondern stürzte an ihnen vorbei in den Wald hinein.

Am Nachmittag fuhren Ingmar Ingmarsons Frau und Sohn in den Pfarrhof und meldeten den Todesfall an. Der Sohn führte das Wort. Die alte Hausmutter saß dabei und hörte zu, mit einem Gesicht, das regungslos war wie ein Steinbild.

Der Pfarrer saß in seinem Lehnstuhl am Schreibtisch. Er hatte seine Bücher hervorgenommen und den Todesfall aufgezeichnet. Er tat das ein wenig langsam: Er wollte Zeit haben, darüber nachzudenken, was er der Witwe und dem Sohn sagen solle; denn dies war doch ein ungewöhnlicher Fall. Der Sohn hatte ganz offen erzählt, wie alles sich zugetragen hatte; doch der Pfarrer wollte gern wissen, wie sie selbst die Sache auffassten. Es waren sehr eigentümliche Menschen, die Leute vom Ingmarhof.

Als nun der Pfarrer das Buch zuschlug, sagte der Sohn: »Wir wollten Euch auch sagen, Herr Pfarrer, dass wir keine Personalien über Vater verlesen haben wollen.«

Der Pfarrer schob die Augengläser auf die Stirn und sah scharf forschend zu der alten Frau hinüber. Sie saß ebenso regungslos da wie zuvor. Sie zerknüllte nur das Taschentuch, das sie zwischen den Händen hielt.

»Wir werden ihn an einem Werktag begraben«, fuhr der Sohn fort.

»So, so, so, so«, sagte der Pfarrer. Es schwindelte ihm förmlich. Der alte Ingmar Ingmarson sollte unter die Erde kommen, ohne dass jemand darum wüsste. Die Dorfbewohner sollten nicht auf dem Hügel stehen und sehen, mit welchem Staat er zu Grabe getragen würde.

»Wir werden keinen Leichenschmaus halten. Wir haben es den Nachbarn mitgeteilt, damit sie kein ›Mitgebrachtes‹ bereiten.«

»So, so, so, so«, sagte der Pfarrer abermals. Er konnte nichts anderes über die Lippen bringen. Er wusste wohl, was es für solche Leute bedeutete, vom Leichenschmaus abzustehen. Er hatte gesehen, wie sehr es Witwen und Vaterlose tröstete, einen stattlichen Leichenschmaus abzuhalten.

»Und es wird auch kein Trauerzug sein, nur ich und meine Brüder gehen mit.«

Der Pfarrer sah gleichsam Antwort heischend zu der Alten hinüber. Konnte sie dem wirklich zustimmen? Er fragte sich, ob der Sohn auch ihren Willen aussprüche. Sie saß ja da und ließ sich alles dessen berauben, was ihr kostbarer sein musste als Silber und Gold.

»Wir wollen kein Glockengeläute haben und keine Silberplatten auf dem Sarg. Das wollen wir so, Mutter und ich. Aber wir sagen es Euch, Herr Pfarrer, um zu hören, ob Ihr es als ein Unrecht gegen Vater anseht.«

Nun ergriff auch die Frau das Wort. »Ja, wir wollen wissen, ob Ihr meint, Herr Pfarrer, dass es ein Unrecht gegen Vater sein kann.«

Der Pfarrer schwieg noch immer, und da fuhr die Frau eifrig fort: »Lasst Euch sagen, Herr Pfarrer: Hätte mein Mann sich gegen den König oder den Vogt vergangen, und hätte ich ihn vom Galgen herunterschneiden müssen, er würde doch ein ehrliches Begräbnis bekommen haben, wie sein Vater vor ihm, denn die Ingmarsöhne fürchten niemand, und sie brauchen keinem aus dem Weg zu gehen. Aber um die Weihnachtszeit hat Gott Friede gesetzt zwischen Tieren und Menschen, und das arme Tier hielt Gottes Gebot, aber wir brachen es, und darum sind wir jetzt unter Gottes Strafgericht. Und es steht uns nicht an, in Prunk und Staat einherzugehen.«

Der Pfarrer stand auf und ging zu der Alten hin. »Es ist ganz recht, was Ihr sagt«, antwortete er, »und Ihr sollt Euern eigenen Willen haben.« Und unwillkürlich fügte er hinzu, vielleicht mehr für sich selbst: »Die Ingmare sind doch großartige Menschen.«
Bei diesen Worten richtete sich die Alte ein wenig empor. Und der Pfarrer sah sie für einen Augenblick als das Sinnbild des ganzen Stammes. Er begriff, was Jahrhundert um Jahrhundert diesen schwerflüssigen und wortkargen Menschen die Macht gegeben hatte, die Führer eines ganzen Kirchspiels zu sein.
»Es kommt den Ingmarsöhnen zu, dem Volk ein gutes Beispiel zu geben«, sagte sie. »Es ist an uns, zu zeigen, dass wir demütig sind vor Gott.«

Ein Weihnachtsgast

Einer von denen, die das Kavaliersleben auf Ekeby genossen hatten, war der kleine Ruster, der Noten transponieren und Flöte spielen konnte. Er war niedriger Herkunft und arm, ohne Heim und ohne Familie. Als die Schar der Kavaliere sich zerstreute, brachen schwere Zeiten für ihn an.

Nun hatte er kein Pferd und keinen Wagen mehr, keinen Pelz und keine rot gestrichene Proviantkiste. Er musste zu Fuß von Gehöft zu Gehöft ziehen und trug seine Habseligkeiten in ein blau kariertes Taschentuch eingebunden. Den Rock knöpfte er bis zum Kinn hinauf zu, sodass niemand sehen konnte, wie es um das Hemd und die Weste bestellt war, und in dessen weiten Taschen verwahrte er seine kostbarsten Besitztümer: die auseinandergeschraubte Flöte, die flache Schnapsflasche und die Notenfeder.

Sein Beruf war, Noten abzuschreiben, und wenn alles gewesen wäre wie in alten Zeiten, so hätte es ihm nicht an Arbeit gefehlt. Aber mit jedem Jahr, das verging, wurde die Musik oben in Värmland weniger gepflegt. Einstweilen wurde er noch als alter Freund auf den Herrenhöfen aufgenommen, aber man jammerte, wenn er kam, und freute sich, wenn er ging. Er roch nach Branntwein, und sobald er ein paar Schnäpse oder einen Toddy bekommen hatte, wurde er wirr und erzählte unerquickliche Geschichten. Er war die Geißel der gastfreien Gutshöfe.

Einmal kam er um die Weihnachtszeit nach Lövdala, wo Liljecrona, der große Violinspieler, daheim war. Liljecrona war auch einer der Ekebykavaliere gewesen, aber nach dem Tod der Majorin zog er auf sein prächtiges Gut Lövdala und blieb dort. Nun kam Ruster in den Tagen vor dem Weihnachtsabend zu ihm, störte die Festvorbereitungen und verlangte Arbeit. Liljecrona gab ihm einige Noten abzuschreiben, um ihn zu beschäftigen.

»Du hättest ihn lieber gleich fortschicken sollen«, sagte seine Frau, »jetzt wird er das so in die Länge ziehen, dass wir ihn über den Heiligen Abend hierbehalten müssen.«

»Irgendwo muss er doch sein«, sagte Liljecrona. Und er bewirtete Ruster mit Toddy und Branntwein, leistete ihm Gesellschaft und sprach die ganze Ekebyer Zeit noch einmal mit ihm durch. Aber er war verstimmt und seiner überdrüssig, er wie alle die anderen, obgleich er es nicht merken lassen wollte, denn alte Freundschaft und Gastlichkeit waren ihm heilig. Aber in Liljecronas Haus hatten sie sich nun drei Wochen lang für das Weihnachtsfest gerüstet. Sie hatten in Unbehagen und Hast gelebt, sich die Augen bei Talglichtern und Kienspänen verdorben, im Schuppen beim Fleischeinsalzen und im Bräuhaus beim Bierbrauen gefroren. Doch die Hausfrau wie die Dienstleute hatten sich allem ohne Murren unterzogen.

Wenn alle Verrichtungen beendet waren und der Heilige Abend anbrach, dann würde ein großer Zauber sie gefangen nehmen. Am Weihnachtsfest würde ihnen Scherz und Spaß, Reim und Fröhlichkeit ohne alle Mühe über die Lippen kommen. Alle würden sich mit Lust im Tanz drehen, und aus den dunklen Winkeln der Erinnerung würden die Worte und Melodien der Tanzspiele auftauchen, obgleich man gar nicht glauben konnte, dass sie noch immer da waren. Und dann würden sie alle so gut sein, so gut!

Aber als nun Ruster kam, fand der ganze Haushalt von Lövdala, dass Weihnachten verdorben war. Die Hausfrau und die älteren Kinder und treuen Diener waren alle derselben Meinung. Ruster versetzte alle in lähmende Angst. Sie fürchteten überdies, dass, wenn er und Liljecrona anfingen, sich in den alten Erinnerungen zu ergehen, das Künstlerblut in dem großen Violinspieler aufflammen würde und sein Heim ihn verlieren musste. Einst hatte es ihn nie lange daheim gelitten.

Es lässt sich nicht beschreiben, wie sie jetzt auf dem Hof den Hausherrn liebten, seitdem er ein paar Jahre bei ihnen geblieben war. Und was hatte er zu geben, besonders an Weihnachten! Er hatte seinen Platz nicht auf irgendeinem Sofa oder Schaukelstuhl, sondern auf einer hohen, schmalen, glatt gescheuerten Holzbank in der Kaminecke. Wenn er dort saß, dann zog er auf Abenteuer aus. Er fuhr rings um die Erde, er stieg zu den Sternen und noch höher empor. Er spielte und sprach abwechselnd, und alle Hausleute versammelten sich um ihn und hörten zu. Das ganze Leben wurde glanzvoll und schön, wenn der Reichtum dieser einzigen Seele es überstrahlte.

Darum liebten sie ihn, so wie sie das Weihnachtsfest, die Freude, die Frühlingssonne liebten.

Und als nun der kleine Ruster kam, war ihr Weihnachtsfriede zerstört. Sie hatten vergeblich gearbeitet, wenn dieser kam und den Herrn des Hauses fortlockte. Es war ungerecht, dass dieser Säufer am Weihnachtstisch eines frommen Hauses sitzen und alle Weihnachtsfreude stören sollte.

Am Vormittag des Weihnachtsabends hatte der kleine Ruster seine Noten fertig geschrieben, und da sprach er von Fortgehen, obgleich es natürlich seine Absicht war, zu bleiben.

Liljecrona war von der allgemeinen Verstimmung angesteckt und sagte darum gezwungen und matt, dass es wohl das Beste wäre, wenn Ruster über Weihnachten da bliebe, wo er war.

Der kleine Ruster war stolz und leicht entflammt. Er drehte seinen Schnurrbart auf und schüttelte die schwarze Künstlermähne, die gleich einer dunklen Wolke um seinen Kopf stand. Was meinte Liljecrona eigentlich? Er sollte bleiben, weil er an keinen anderen Ort fahren konnte? Ah, man denke nur, wie sie in den großen Eisenwerken im Broer Kirchspiel standen und auf ihn warteten! Die Gaststube war bereit, der Willkommensbecher gefüllt. Er hatte solche Eile. Er wusste nur nicht, zu wem er zuerst fahren sollte. »Gott bewahre«, sagte Liljecrona, »so fahre doch.« Nach dem Mittagessen lieh sich der kleine Ruster Pferd und Schlitten, Pelz und Decken. Der Knecht von Lövdala sollte ihn zu irgendeinem Gutshof in Bro kutschieren und dann rasch heimfahren, denn es sah nach einem Schneesturm aus.

Niemand glaubte, dass er erwartet wurde oder dass es ein einziges Haus in der Umgegend gab, wo er willkommen gewesen wäre. Aber sie wollten ihn so gerne loswerden, dass sie sich dies verhehlten und ihn ziehen ließen. »Er hat es selbst gewollt«, sagten sie. Und nun, dachten sie, wollten sie fröhlich sein.

Aber als sie sich gegen fünf Uhr im Speisesaal versammelten, um Tee zu trinken und um den Christbaum zu tanzen, schwieg Liljecrona verstimmt. Er setzte sich nicht auf die Märchenbank, er berührte weder Tee noch Punsch, er erinnerte sich an keine Polka, die Violine war ihm verleidet. Wer spielen und tanzen konnte, mochte es ohne ihn tun.

Da wurde die Gattin unruhig, da wurden die Kinder missvergnügt, alles im ganzen Haus ging verkehrt. Es wurde der allertraurigste Weihnachtsabend.

Die Grütze brannte an, die Lichter flackerten, das Holz rauchte, der Wind blies bittere Kälte in die Stuben. Der Knecht, der Ruster kutschiert hatte, kam nicht heim. Die Haushälterin weinte, die Mägde zankten.

Plötzlich erinnerte sich Liljecrona, dass man den Spatzen keine Garbe hinausgehängt hatte, und er beklagte sich laut über alle Frauen rings um ihn, die alte Sitten außer Acht ließen und neumodisch und herzlos waren. Aber sie begriffen wohl, dass ihn Gewissensbisse quälten, weil er den kleinen Ruster am heiligen Weihnachtsabend aus seinem Haus hatte fortgehen lassen.

Und ehe man sich's versah, ging Liljecrona in sein Zimmer, versperrte die Tür und begann zu spielen, wie er nicht gespielt, seit er zu wandern aufgehört hatte. Es waren Hass und Hohn, es waren Sehnsucht und Sturm. Ihr dachtet, mich zu binden, aber ihr müsst eure Fesseln umschmieden. Ihr dachtet, mich so kleinmütig zu machen, wie ihr selbst seid. Aber ich ziehe hinaus ins Große, ins Freie. Alltagsmenschen, Hausklaven, fanget mich, wenn es in eurer Macht steht! Als die Gattin diese Töne hörte, sagte sie: »Morgen ist er fort, wenn Gott nicht in dieser Nacht ein Wunder tut. Jetzt hat unsere Ungastlichkeit gerade das hervorgerufen, was wir vermeiden wollten.«

Inzwischen fuhr der kleine Ruster durch das Schneetreiben. Er zog von einem Haus zum anderen und fragte, ob es Arbeit für ihn gäbe, aber nirgends wurde er aufgenommen. Sie forderten ihn nicht einmal auf, aus dem Schlitten zu steigen. Einige hatten das Haus voll Besuch, andere wollten am Weihnachtstag über Land fahren. »Versuche es beim nächsten Nachbarn«, sagten sie alle.

Er mochte immerhin kommen und das Behagen von ein paar Werktagen stören, nicht aber das des Weihnachtsabends. Das Jahr hatte nur einen Weihnachtsabend, und auf den hatten sich die Kinder den ganzen Herbst über gefreut. Man konnte doch diesen Menschen nicht an einen Weihnachtstisch setzen, wo es Kinder gab. Früher hatten sie ihn gern aufgenommen, aber nicht jetzt, wo er trank. Was sollte man auch mit dem Menschen anfangen? Die Gesindestube war zu schlecht und das Gastzimmer zu fein.

So musste der kleine Ruster von Hof zu Hof ziehen, in dem peitschenden Schneesturm. Der nasse Schnurrbart hing schlaff über den Mund, die Augen waren blutunterlaufen und verschleiert,

aber der Branntwein verflüchtigte sich aus seinem Hirn. Ruster begann zu grübeln und zu staunen. War es möglich, war es möglich, dass niemand ihn aufnehmen wollte? Da sah er mit einem Mal sich selbst. Er sah, wie jämmerlich und verkommen er war, und er begriff, dass er den Menschen verhasst sein musste. Mit mir ist es aus, dachte er. Es ist aus mit dem Notenschreiben, es ist aus mit der Flöte. Niemand auf Erden braucht mich, niemand hat Barmherzigkeit mit mir. Der Schneesturm pfiff und spielte, er riss die Schneehaufen auf und türmte sie wieder zusammen, er nahm eine Schneesäule in die Arme und tanzte damit übers Feld, er hob eine Flocke himmelhoch und stürzte eine andere in eine Grube. »So ist es, so ist es«, sagte der kleine Ruster. »Solange man fährt und tanzt, ist es ein fröhliches Spiel, doch wenn man hinab in die Erde soll, dort eingebettet und verwahrt werden, dann ist es Kummer und Leid.« Doch hinab mussten alle, und jetzt war er an der Reihe. Er war am Ende.
Er fragte nicht mehr danach, wohin der Knecht ihn führte. Er glaubte, dass er in das Reich des Todes fuhr.
Der kleine Ruster verbrannte keine Götter auf dieser Fahrt. Er verfluchte weder das Flötenspiel noch das Kavaliersleben, er dachte nicht, dass es besser für ihn gewesen wäre, wenn er die Erde gepflügt oder Schuhe genäht hätte. Aber darüber klagte er,

dass er nun ein ausgespieltes Instrument war, das die Freude nicht mehr gebrauchen konnte. Niemanden klagte er an, denn er wusste, wenn das Waldhorn gesprungen ist und die Gitarre ihre Stimme verloren hat, dann müssen sie fort. Er wurde plötzlich ein sehr demütiger Mensch. Er begriff, dass es mit ihm zu Ende ging, jetzt am Weihnachtsabend. Der Hunger oder die Kälte würden ihn umbringen, denn er verstand nichts, er taugte zu nichts und hatte keine Freunde. Da bleibt der Schlitten stehen, und auf einmal ist es hell um ihn, und er hört freundliche Stimmen, und da ist jemand, der ihn in ein warmes Zimmer führt, und jemand, der ihm heißen Tee bringt. Der Pelz wird ihm abgenommen, und mehrere Menschen rufen, dass er willkommen ist, und warme Hände bringen Leben in seine erstarrten Finger.

Von alledem wurde ihm so wirr im Kopf, dass er wohl eine Viertelstunde nicht zur Besinnung kam. Er konnte unmöglich begreifen, dass er wieder nach Lövdala gekommen war. Er war sich gar nicht bewusst gewesen, dass der Knecht es satt bekommen hatte, im Schneesturm herumzufahren, und nach Hause umgekehrt war.

Ebenso wenig verstand er, warum er jetzt in Liljecronas Haus so freundlich empfangen wurde. Er konnte nicht wissen, dass Liljecronas Gattin begriff, welch schwere Fahrt er an diesem Weih-

nachtsabend gemacht hatte, wo er an jeder Tür, an die er geklopft hatte, abgewiesen worden war. Sie hatte so großes Mitleid mit ihm bekommen, dass sie ihre eigenen Sorgen vergaß.
Liljecrona setzte das wilde Spielen in seinem Zimmer fort. Er wusste nichts davon, dass Ruster gekommen war. Dieser saß indessen mit der Frau und den Kindern im Speisesaal. Die Dienstleute, die am Weihnachtsabend auch da zu sein pflegten, waren vor der Langeweile bei der Herrschaft in die Küche geflüchtet.
Die Hausfrau versäumte nicht, Ruster zu beschäftigen. »Sie hören ja, Ruster«, sagte sie, »dass Liljecrona den ganzen Abend nur spielt, und ich muss mich um das Tischdecken und das Essen kümmern. Die Kinder sind ganz verlassen. Sie müssen sich der zwei Kleinsten annehmen, Ruster.«
Kinder, das war ein Menschenschlag, mit dem Ruster am wenigsten in Berührung gekommen war. Er hatte sie weder im Kavaliersflügel noch im Soldatenzelt getroffen, weder in Gasthöfen noch auf Landstraßen. Er scheute sich beinahe vor ihnen und wusste nicht, was er sagen sollte, das fein genug für sie war.
Er nahm die Flöte hervor und lehrte die Kinder, Klappen und Löcher mit den Fingern zu bedienen. Es waren zwei Knaben im Alter von vier und sechs Jahren. Sie bekamen eine Lektion auf der Flöte, und das interessierte sie sehr. »Das ist A«, sagte er, »und

das ist C«, und dann griff er die Töne. Da wollten die Kleinen wissen, was das für ein A und was für ein C das war, das gespielt werden sollte.

Da nahm Ruster Notenpapier heraus und zeichnete ein paar Noten.

»Nein«, sagten sie, »das ist nicht richtig.« Und sie eilten fort und holten ein Abc-Buch.

Da fing der kleine Ruster an, sie das Alphabet abzuhören. Sie konnten und konnten es nicht. Es sah windig aus mit ihren Kenntnissen. Ruster wurde eifrig, hob die Knirpschen auf seine Knie und begann sie zu unterrichten. Liljecronas Frau ging aus und ein und hörte ganz erstaunt zu. Es klang wie ein Spiel, und die Kinder lachten, aber sie lernten dabei.

Ruster fuhr ein Weilchen fort, aber er war nicht recht bei dem, was er tat. Er wälzte die alten Gedanken, die er im Schneesturm gehabt hatte, in seinem Kopf. Hier war es gut und behaglich, aber mit ihm war es doch auf jeden Fall aus. Er war verbraucht. Er würde fortgeworfen werden. Und urplötzlich schlug er die Hände vors Gesicht und begann zu weinen.

Da kam Liljecronas Frau hastig auf ihn zu.

»Ruster«, sagte sie, »ich kann verstehen, dass Sie glauben, für Sie sei alles aus. Sie haben kein Glück mit der Musik, und Sie richten sich durch den Branntwein zugrunde. Aber es ist noch nicht aus, Ruster.«

»Doch«, schluchzte der kleine Flötenspieler.

»Sehen Sie, so wie heute Abend mit den Kleinen dazusitzen, das wäre etwas für Sie. Wenn Sie die Kinder lesen und schreiben lehren wollten, dann würden Sie wieder überall willkommen sein. Das ist kein geringeres Instrument, um darauf zu spielen, Ruster, als Flöte und Violine. Sehen Sie sie an, Ruster!«

Sie stellte die zwei Kleinen vor ihn hin, und er sah auf, blinzelnd, so, als hätte er in die Sonne gesehen. Es war, als fiele es seinen kleinen trüben Augen schwer, denen der Kinder zu begegnen, die groß und klar und unschuldig waren.

»Sehen Sie sie an, Ruster!«, ermahnte Liljecronas Frau.

»Ich getraue mich nicht«, sagte Ruster, denn es schien ihm wie ein Fegefeuer, in den Kinderaugen die Schönheit der Unschuld zu schauen.

Da lachte Liljecronas Frau hell und froh auf. »Dann sollen Sie sich an sie gewöhnen, Ruster. Sie sollen dieses Jahr als Schulmeister bei uns bleiben.«

Liljecrona hörte seine Frau lachen und kam aus seinem Zimmer.

»Was gibt es?«, sagte er. »Was gibt es?«

»Nichts anderes«, antwortete sie, »als dass Ruster wiedergekommen ist, und dass ich ihn zum Schulmeister für unsere kleinen Jungen bestellt habe.«

Liljecrona war ganz verblüfft. »Wagst du das«, sagte er, »wagst du es? Er hat wohl versprochen, nie mehr ...«

»Nein«, sagte die Frau, »Ruster hat nichts versprochen. Aber er wird sich vor mancherlei in Acht nehmen müssen, wenn er jeden Tag kleinen Kindern in die Augen sehen soll. Wäre es nicht Weihnachten, hätte ich dies vielleicht nicht gewagt, aber wenn unser Herrgott es wagte, ein kleines Kindlein, das sein eigener Sohn war, unter uns Sünder zu setzen, dann kann ich es wohl auch wagen, meine kleinen Kinder versuchen zu lassen, einen Menschen zu retten.«

Liljecrona konnte gar nicht sprechen, aber es zitterte und zuckte in jeder Falte seines Gesichts, wie immer, wenn er etwas Großes hörte.

Dann küsste er seiner Frau die Hand, so fromm wie ein Kind, das um Verzeihung bittet, und rief laut: »Alle Kinder sollen kommen und Mutter die Hand küssen.« Das taten sie, und dann hatten sie ein fröhliches Weihnachtsfest in Liljecronas Heim.

Die Mausefalle

1

Es war einmal ein Mann, der herumzog und kleine Mausefallen aus Stahldraht verkaufte. Er verfertigte sie selbst in seinen Mußestunden. Das Material erbettelte er sich in Kramläden oder in den größeren Bauernhöfen, sodass die Herstellungskosten so gering wie möglich waren. Dessen ungeachtet war das Geschäft wohl nicht besonders einträglich. Er musste es bisweilen mit Betteln und Stibitzen probieren, um sein Leben zu fristen. Auch das wollte nicht recht reichen. Die Kleider hingen ihm immer in Fetzen vom Leib, die Wangen waren eingefallen, und der Hunger leuchtete ihm aus den Augen.

Niemand kann sich vorstellen, wie öde und einförmig das Leben eines solchen Wandersmanns zu verlaufen pflegt, aber manchmal passierte ihm doch das eine oder andere Abenteuer, das sein Dasein ein wenig erhellte. So erblickte er, als er eines dunklen Abends unterwegs war, eine kleine graue Hütte dicht am Wegesrand und klopfte an, um Nachtherberge zu erbitten. Die wurde ihm auch nicht verweigert. Ja, anstatt der sauren Mienen, die ihn sonst zu begrüßen pflegten, wenn er in eine Stube kam, schien der Eigentümer, der ein freundlicher alter Mann ohne Weib und Kind war, sehr erfreut, dass jemand ihm in seiner Einsamkeit Gesellschaft leisten wollte. Als Erstes stellte er den Brei-Topf auf das Feuer und bot ihm ein Abendbrot. Dann schnitt er von einer Tabakrolle so viel herunter, dass es zum Stopfen der Pfeife des Fremden und seiner eigenen langte, und schließlich nahm er ein altes Kartenspiel hervor und spielte mit dem Gast bis zur Schlafenszeit Sechsundsechzig.

So freigebig er mit Grütze und Tabak gewesen war, war er auch mit seinem Vertrauen. Der Gast erfuhr schon bald, dass er, solange er Kraft genug dazu hatte, Tagelöhner auf dem Gut Ramsjö gewesen war. Jetzt, wo er nicht mehr arbeiten konnte, war es seine Kuh, die ihn ernährte. Mitten im Spiel legte er mehrmals die Karten weg, um von dieser Kuh zu erzählen, die so maßlos viel Milch gab. Er brachte sie jeden Tag in die Meierei, und vorigen Monat hatte er ganze dreißig Kronen dafür eingeheimst.

Der fremde Mann musste wohl ein misstrauisches Gesicht gemacht haben, als er dies hörte, denn der Alte sprang gleich auf, ging zum Fenster und nahm einen Lederbeutel, der an einem Nagel am Fensterkreuz hing. Er kramte drei zerknitterte Zehnkronenscheine heraus, hielt sie dem Gast vor die Augen, nickte bedeutsam und steckte sie wieder in den Beutel.

Am nächsten Tag standen die beiden Männer frühzeitig auf. Der Kätner hatte es eilig, seine Kuh zu melken und die Milch in die Meierei zu tragen, und der andere fand wohl nicht, dass es sich schickte, liegen zu bleiben, wenn sein Gastgeber aufgestanden war. Sie verließen also gleichzeitig das Häuschen. Der Kätner sperrte die Tür zu und steckte den Schlüssel in die Tasche. Der Mann mit der Mausefalle sagte Dank'schön und Behüt' Gott, und damit wanderte jeder nach einer anderen Seite von dannen.

Aber als eine halbe Stunde vergangen war, stand der zerlumpte Hausierer wieder vor dem Häuschen. Er versuchte nicht, hineinzukommen. Er ging nur zum Fenster, zerklopfte eine der Scheiben, steckte die Hand hinein und erfasste den Beutel mit dem Geld. Dann nahm er die drei Zehner heraus und steckte sie zu sich. Hierauf hängte er den Lederbeutel fein säuberlich an seinen Platz zurück und verschwand in den Wald.

Als der Mausefallenhändler mit dem Geld in der Tasche weiterwanderte, fühlte er nicht die gewohnte Genugtuung über einen gelungenen Streich. »Das ist doch ein Hundeleben«, seufzte er, »pfui Teufel, stehlen müssen, um nur am Leben zu bleiben. Es macht mir eigentlich nichts aus, den Bauern und den Herrschaften etwas zu stibitzen, aber wenn's einen trifft, der beinah ein ebenso armer Schlucker ist wie unsereins, da kriegt man einen ganz bitteren Geschmack im Mund.«

Das Unbehagen, das er empfand, wurde durch den Gedanken verstärkt, dass er jetzt eine Zeit lang die große Heerstraße vermeiden und sich auf einsamen Seitenwegen durch die Wälder schleichen musste, bis er in einen anderen Teil des Landes kam.

»Ja, ja, so geht's, wenn eins immer nur ans tägliche Brot denken muss«, murmelte er. »Hätte der Kerl nicht so viel Verstand haben können, sein Geld einzustecken, wenn er seine Hütte verlässt! Ich hab' ja nichts gegen ihn gehabt, er ist besser zu mir gewesen als irgendwer anderer, aber wenn er mir das Geld gerad in den Weg wirft, so muss ich's ja nehmen.«

Er hatte im Lauf des Tages noch mehr als einmal Anlass, so zu klagen, denn es war ein großer, dichter Wald, in den er gekommen war. Freilich versuchte er die ganze Zeit eine bestimmte Richtung einzuhalten, aber die Pfade schlängelten sich hin und her. Er hatte beinahe das Gefühl, dass er sich immer nur im Kreis drehte und überhaupt nicht vom Fleck kam.

Er ging und ging den ganzen Tag, ohne dass der Wald sich lichtete. Spät im Dezember, wie es nun war, senkte sich schon die Dunkelheit über den Wald. Nun begann eine Wanderung in der

Finsternis über Stock und Stein, Sumpf und Morast, die wirklich schauerlich war. Der Mann hielt sich aufrecht, so lange er konnte, aber schließlich sank er aufgelöst von Müdigkeit auf den Waldboden nieder.

Im selben Augenblick, in dem er den Kopf auf die Erde bettete, hörte er ein Geräusch. Ein hartes, regelmäßiges Pochen. Da war kein Zweifel möglich. Er setzte sich auf. »Das ist ein Eisenhammer«, sagte er. »Hier müssen Leute in der Nähe sein.«

Mit dem Aufgebot seiner letzten Kräfte erhob er sich und begann, dem Laut nach weiterzuwanken.

2

Das Eisenwerk Ramsjö, das nun aufgelassen ist, stand damals in voller Blüte, mit Schmelzöfen, Walzwerk und Gießerei. Schwere Prahme und Jollen glitten zur Sommerszeit auf dem Kanal, der daran vorbei in einen großen See floss, und im Winter waren die Straßen im Umkreis schwarz von dem Kohlenstaub, der aus den beständig dahinratternden Fuhren herabrieselte.

In einer der langen, dunklen Nächte gerade vor Weihnachten saßen der Schmiedemeister und sein Gehilfe in der schwarzen

Schmelzschmiede und warteten darauf, dass das Eisen, das in der Esse erhitzt wurde, weißglühend genug war, um auf den Amboss gelegt zu werden.

Von Zeit zu Zeit stand einer von ihnen auf, um Kohlen in den Ofenrachen zu schaufeln oder um mit einem langen Eisenspieß in die glühende Masse zu stoßen, und kam dann nach einigen Augenblicken schweißbedeckt zurück, obwohl er nach hergebrachtem Brauch nichts anderes anhatte als ein langes Hemd und ein Paar Holzpantinen.

Die ganze Zeit war die Schmiede von Geräuschen erfüllt. Der große Blasebalg knackte, die brennenden Kohlen knisterten. Der Kohlenjunge, der unaufhörlich Kohlen hereinbrachte, die er in die Kohlengrube schleuderte, hatte ein knirschendes Rad an seinem Karren.

Vor den Mauern donnerte der Wildbach, und ein barscher Nordwind schleuderte prasselnde Regenschauer gegen die Ziegel des Schmiededaches.

So war es nicht zu verwundern, dass die Männer erst merkten, dass ein Wanderer die Türe geöffnet hatte und in die Schmiede gekommen war, als er dicht vor ihnen stand.

Aber sicherlich war es für sie nichts Ungewohntes, dass arme Landstreicher, die kein besseres Nachtquartier gefunden hatten, von dem Lichtschein angelockt, der sich durch die geschwärzten Scheiben hinausstahl, in die Schmiede kamen, um die Wärme des Herdes zu genießen und sich für ein paar Stunden der Ruhe auf dem mit Kleinkohle bedeckten Erdboden auszustrecken. Sie warfen dem Neuangekommenen nur einen gleichgültigen Blick zu. Ja, ja, das war wieder einer von der üblichen Sorte, langbärtig, abgerissen und schmutzig, mit Schuhen, die sich von den Füßen trennen und den weiteren Dienst versagen wollten.

Auch wandten sie weiter kein Mitleid an ihn. Wenn ein Mann, der nicht mehr als vierzig zu sein scheint und dazu groß und gut gebaut ist, sich durchbettelt, anstatt seine Hände zur Arbeit zu gebrauchen, so geschieht ihm schon ganz recht.

Keiner von ihnen dankte für den Gruß des Mannes, und auf seine Frage, ob es erlaubt sei, ein bisschen zu bleiben und sich zu wärmen, erwiderte der Schmiedemeister nur mit dem allerherablassendsten Blick.

Es half nicht viel, dass der Wandersmann das Bündel Mausefallen, die über seiner linken Schulter hingen, höher auf die breite Brust hinaufschob, so, als rückte er einen Ordensstern zurecht. Nein, die Schmiede wollten sich durchaus nicht einreden lassen, dass er etwas anderes als ein gewöhnlicher Bettler war, und ließen sich nicht herab, ihm ein Wort zu schenken. Der Mausefallenhändler verhielt sich ebenfalls still. Worauf es ihm ankam, war ja nicht, zu schwatzen, sondern in der Schmiede zu bleiben und sich zu wärmen.

Damals wurde das Werk Ramsjö von einem prächtigen Besitzer geleitet, der keinen höheren Ehrgeiz hatte, als wirklich gutes Eisen auf den Markt zu bringen, und Tag und Nacht darüber wachte, dass die Arbeit in dem Werk auf die beste Weise verrichtet wurde. Und der kam gerade jetzt auf einer seiner gewöhnlichen Nachtrunden in die Schmiede.

Das Erste, was er sah, war natürlich der hochgewachsene Landstreicher, der sich so nahe dem Ofen niedergehockt hatte, dass der Dampf von seinen durchnässten Lumpen aufstieg.

Und er warf ihm nicht nur einen gleichgültigen Blick zu wie der Schmiedemeister und sein Gehilfe, sondern ging dicht an ihn heran und betrachtete ihn prüfend. Und plötzlich riss er ihm den Schlapphut vom Kopf, um ihm besser in die Augen sehen zu können.

»Aber das bist du ja selbst, Niels Olof«, rief er. »Wie du aussiehst!« Der mit den Mausefallen hatte den Gutsherrn von Ramsjö nie im Leben gesehen und wusste nicht einmal, wie er hieß. Aber er sagte sich sofort, dass, wenn dieser feine Herr ihn für einen alten Bekannten hielt, er ihm vielleicht ein paar Kronen schenken würde, und darum wollte er ihn nicht gleich wieder aus seinem Irrtum reißen.

»Ja, mit mir ist's bergab gegangen, weiß Gott«, sagte er.

»Du hättest eben nie deinen Abschied vom Regiment nehmen sollen«, sagte der Gutsherr. »Das war der ganze Fehler. Wenn ich nur noch aktiv gewesen wäre, hätte das nie geschehen dürfen. Aber jetzt kommst du natürlich mit zu mir nach Hause?«

Aber mit in den Herrenhof zu kommen und dort als alter Regimentskamerad des Besitzers empfangen zu werden, das war nicht so recht nach dem Geschmack des Mausefallenhändlers.

»Aber nein, aber nein«, sagte er und sah gewaltig erschrocken drein. »Das geht keinesfalls –«

Als der andere sah, dass er sich so zierte, begann er hellauf zu lachen.

»Du darfst nicht glauben, dass es bei mir daheim so hochherrlich zugeht, dass du dich da nicht zeigen kannst«, sagte er. »Elisabeth ist tot, das hast du vielleicht gehört, die Jungens sind im Ausland, und so hausen nur ich und meine älteste Tochter auf dem Herrenhof. Wir haben uns gerade darüber beklagt, dass wir in den Feiertagen so ganz allein sein werden. Komm jetzt, dann wird wenigstens den Weihnachtsspeisen mehr Ehre angetan werden!«

Aber der Fremde blieb bei seinem Nein, Nein, Nein, und als der

Gutsherr in ihn drang, schien er drauf und dran, die Flucht ergreifen zu wollen. Da sah der Gutsherr, dass da nichts zu machen war. »Mir scheint, Rittmeister von Stahle will heute Nacht lieber bei dir bleiben, Stjärnström, als zu mir kommen«, sagte er zum Schmiedemeister, »da musst du ihm schon Nachtlogis geben.«

Damit ging er, leise lachend, seiner Wege, und die Schmiede, die ihn gut kannten, wussten wohl, dass er noch nicht sein letztes Wort gesprochen hatte.

Es dauerte auch nicht mehr als eine halbe Stunde, als sie das Rollen von Wagenrädern hörten und ein neuer Gast zur Türe hereinkam.

Aber diesmal war es nicht der Hüttenherr selbst, der kam, sondern er hatte seine Tochter geschickt, offenbar in der Erwartung, dass ihre Überredungskunst größer sein würde. Sie kam herein, von einem Bedienten gefolgt, der einen großen Herrenpelz trug. Sie war durchaus nicht schön zu nennen, sie sah unansehnlich und scheu aus, und ihr Blick war ernst und schwermütig.

In der Schmiede sah es ungefähr so aus wie zuvor. Der Schmiedemeister und der Gehilfe saßen noch auf ihrer Bank, und im Ofen knisterte und brannte es. Der Fremde hatte sich auf dem Boden ausgestreckt. Er lag da, einen Eisenklumpen unter dem Kopf, den Hut über dem Gesicht.

Sowie die Gutsbesitzertochter ihn erblickt hatte, ging sie auf ihn zu und hob den Hut von seinem Gesicht. Der Mann war wohl einer von jenen, die es gewohnt sind, nur mit einem Auge zu schlafen, er war augenblicklich wach und stand sofort vor ihr.

»Ich heiße Edla Willmanson«, sagte das junge Mädchen. »Mein Vater sagte, dass der Herr Rittmeister heute Nacht hier in der Schmiede schlafen will, und da bat ich ihn, herfahren und den Herrn Rittmeister mit zu uns nach Hause bringen zu dürfen. Es tut mir so leid, dass der Herr Rittmeister es so schwer hat. Mein Vater sagte, dass der Herr Rittmeister das Regiment wegen Gewissensskrupeln verlassen hat.«

Sie heftete ihren tiefen Blick mit mitleidiger Bewunderung auf ihn.

Und der zerlumpte Kerl dachte bei sich selbst, dass, wenn die feinen Herrschaften sich so viel Mühe machten, damit er zu ihnen käme, es wohl undankbar von ihm wäre, sich weiter zu spreizen. Es konnte ja ganz schön sein, einmal im Leben in einem Herrschaftsbett zu schlafen.

»Das hätte ich mir aber doch nie gedacht, dass das gnädige Fräulein selbst sich die Mühe machen wird, meinetwegen bei der Nacht in die Schmiede zu kommen«, sagte er, »ja, dann geh' ich halt doch mit.«

Damit nahm er den Pelz, den ihm der Bediente mit einer tiefen Verbeugung reichte, warf ihn über seine Lumpen, und ohne den erstaunten Männern in der Schmiede auch nur einen Blick zu gönnen, ging er an der Seite des jungen Mädchens zum Wagen hinaus.

3

Der nächste Tag war der Heilige Abend. Und als Hüttenherr Willmanson zum Frühstück in den Speisesaal kam, dachte er mit erwartungsvoller Freude an den alten Regimentskameraden, der ihm so recht gelegen und passend in den Weg gekommen war.

»Jetzt soll er sich zuerst ordentlich bei uns satt essen«, sagte er zu seiner Tochter, die irgendetwas auf dem Speisetisch ordnete, »dann will ich schon dafür sorgen, dass er eine bessere Beschäftigung findet, als im Lande herumzuziehen und Mausefallen zu verkaufen.«

»Es ist doch merkwürdig, wie rasch es mit ihm bergab gegangen ist«, sagte die Tochter. »Gestern erinnerte aber auch gar nichts an ihm daran, dass er ein gebildeter Mann ist.«

»Warte nur, mein Kind«, sagte der Vater. »Wenn er nur erst ordentlich herausgeputzt ist, wirst du schon anders sprechen. Gestern war er befangen, verstehst du? Die Vagabundenmanieren fallen mit den Vagabundenkleidern.«

Gerade als der Hausherr dies sagte, ging die Türe auf, und der ehemalige Mausefallenhändler kam herein. Ja, das war sicher. Herausgeputzt war er. Der Bediente hatte ihm die Haare geschnitten, ihn rasiert und gebadet, er war so rein, dass er förmlich blinkte. Außerdem trug er ganze Schuhe und Strümpfe, ein weißes Hemd mit einem gestärkten Kragen und einen hübschen Sakkoanzug, den der Gutsherr von Ramsjö ihm geliehen hatte.

Aber obgleich er so fein herausstaffiert war, schien der Hausherr nicht recht zufrieden. Er betrachtete seinen Gast mit zusammengezogenen Augenbrauen.

Denn man muss bedenken, als er den fremden Mann in dem flackernden Feuerschein der Schmiede erblickte, hatte er ihn freilich leicht verwechseln können, aber nun er ihn rein gewaschen und rasiert bei vollem Tageslicht vor sich sah, gab es keine Möglichkeit mehr, ihn für einen alten Bekannten zu halten.

»Was soll das heißen?«, brüllte er ihn an.

Der andere machte keinen Versuch, sich zu verstellen. Er begriff sofort, dass die Herrlichkeit jetzt ein Ende hatte.

»Ja, gnädiger Herr, da kann ich nix dafür«, sagte er. »Ich hab' mich nie für was anderes ausgegeben als für einen armen Kesselflicker, und ich hab' gebeten und gebettelt, dass man mich in der Schmiede lassen soll. Und es ist ja weiter kein Unglück passiert, ich zieh halt meine alten Lumpen wieder an und mach' mich auf den Weg.«

»Nun ja«, sagte der Hüttenherr etwas gedehnt, »aber ein ehrliches Vorgehen war das auch nicht, das musst du doch einsehen. Und vielleicht hätte der Dorfrichter auch noch ein Wörtchen in die Sache dreinzureden.«

Der Landstreicher kam nun ein paar Schritte näher heran und schlug mit der Faust auf eine Stuhllehne.

»Ich werd' dem gnädigen Herrn sagen, wie die Geschichte ist«, sagte er. »Die ganze Welt ist nix anderes als eine große Mausfalle. All das Gute, was man einem gibt, das sind nur so Speckschwarten und Käsebrocken, hingelegt, um einen armen Teufel ins Verderben zu bringen. Und wenn jetzt der Dorfrichter kommen und mich auch noch ins Loch sperren soll, dann soll der gnädige Herr lieber dran denken: Es kann ein Tag kommen, wo er selber Lust auf so ein schönes Speckstückel kriegt und sich in der großen Mausfalle fängt.«

Der Gutsherr lachte.

»Weißt du was, du Schlingel. Das war gar nicht so übel gesagt.

Wir wollen den Dorfrichter am Weihnachtsabend vielleicht lieber in Ruhe lassen. Aber schau jetzt, dass du weiterkommst!«
Doch als der Mann sich zur Tür wandte, ergriff die junge Gutsbesitzertochter das Wort: »Ich finde, er sollte heute bei uns bleiben«, sagte sie. »Ich will nicht, dass er geht.« Und damit trat sie vor und stellte sich dem Landstreicher in den Weg.
»Was um Himmels willen fällt dir ein?«, fragte der Vater.
Die Tochter stand mit ganz roten Wangen da und wusste nicht recht, was sie sagen sollte.
Seht, morgens hatte sie sich so schön ausgemalt, wie sie es so recht gut und weihnachtlich für den armen verhungerten, verwilderten Menschen, der zum Heiligen Abend zu ihnen gekommen war, einrichten wollte. Sie konnte sich nicht so plötzlich von diesen Gedanken losreißen, und so hatte sie gebeten, dass der arme Landstreicher bei ihnen bleiben dürfe, damit sie doch das Fest für irgendjemanden feiern konnte.
»Ich denke an diesen Wandersmann«, sagte das junge Mädchen. »Er geht und geht das ganze liebe Jahr, und sicher gibt es auf der ganzen Erde kein Fleckchen, das er sein nennen, keinen Ort, an dem er willkommen ist und in Frieden ruhen kann. Gehetzt und vertrieben wird er wohl überall, wo er hinkommt. Immer hat er Angst, eingefangen und seiner Freiheit beraubt zu werden. Ich

wünschte, er fände doch hier bei uns einen Tag des Friedens. Einen einzigen im ganzen Jahr.«

Gutsbesitzer Willmanson murmelte etwas in seinen Bart. Er konnte sich nicht recht aufraffen, der Tochter entgegenzutreten.

»Es mag ja sein, dass das Ganze ein Irrtum war«, sagte das junge Mädchen, »aber jedenfalls finde ich, wir können den nicht fortweisen, den wir zu uns gebeten und dem wir eine Weihnachtsfreude versprochen haben.«

»Du predigst ja ärger als ein Pfaff«, sagte der Gutsherr. »Nun ja, ich will nur hoffen, dass du das, was du tust, nicht zu bereuen hast.«

Da nahm die Gutsbesitzertochter den fremden Mann bei der Hand und führte ihn zum Esstisch.

»Setz dich nun nieder und iss mit uns«, sagte sie, denn sie merkte ja, dass der Widerstand des Vaters gebrochen war.

Der Mausefallenhändler hatte die ganze Zeit über kein Wort gesagt, und auch jetzt verhielt er sich still. Aber er sah das junge Mädchen, das sich so für ihn eingesetzt hatte, nur immer an. Was sie für ihn getan, war etwas so Wunderbares, dass es ihn ganz verstummen ließ.

Dann verging dieser Weihnachtsabend auf Ramsjö ungefähr ebenso wie alle anderen Weihnachtsabende. Man hatte nicht viel

Mühe mit dem fremden Gast, denn er tat eigentlich nichts anderes als schlafen. Den ganzen Vormittag lag er auf dem Sofa des Fremdenzimmers und schlief in einer Tour. Um die Mittagszeit wurde er geweckt, damit er von all den Weihnachtsspeisen mitessen konnte, aber dann schlief er weiter. Es war, als hätte er seit Jahr und Tag keinen guten und erquickenden Schlummer gefunden, bis er nun hierhergekommen war.

Am Nachmittag, als der Christbaum angezündet wurde, weckte man ihn abermals, und da stand er nun ein Weilchen und sah blinzelnd in die Weihnachtskerzen, und als die Weihnachtspolka gespielt wurde, tanzte er eine Runde herum. Aber die Augen fielen ihm dabei zu, und er verschwand wiederum. Einige Stunden später wurde er noch einmal gestört. Er sollte in den Speisesaal herunterkommen und Fisch und Grütze mit ihnen essen.

Doch kaum war man vom Tisch aufgestanden, ging er von einem zum andern, gab die Hand und sagte Danke und Gute Nacht.

Als er zu dem jungen Mädchen kam, sagte sie ihm, ihr Vater wünsche, dass er die Kleider, die er anhatte, als Weihnachtsgeschenk betrachte. Er brauchte sie nicht zurückzugeben. Und wenn er am nächsten Weihnachtsabend in ein Haus kommen wollte, wo er sich in Frieden ausruhen und sicher sein konnte, dass ihm nichts Böses widerfuhr, so möge er zu ihnen kommen.

Der Mann erwiderte nichts darauf. Er sah die Gutsbesitzertochter nur mit derselben unermesslichen Verwunderung und Bestürzung an.

Am nächsten Morgen standen Hüttenherr Willmanson und seine Tochter schon in aller Frühe auf, um zur Weihnachtsmette zu fahren. Ihr Gast schlief noch immer, und man ließ ihn schlafen. Es wäre unbarmherzig gewesen, ihn zu stören.

Als sie gegen zehn Uhr zurückkamen, ließ das junge Mädchen den Kopf noch tiefer hängen als gewöhnlich. Sie hatte in der Kirche gehört, dass einer der früheren Tagelöhner des Guts von einem Kerl bestohlen worden war, der herumging und Mausefallen verkaufte.

»Ja, das ist ja ein netter Geselle, den du da ins Haus gebracht hast«, sagte der Vater. »Ich möchte wissen, wie viele silberne Löffel jetzt noch in unserem Büfett liegen.«

Kaum war der Wagen vor der Freitreppe stehen geblieben, als der Gutsherr sich beeilte, den Bedienten zu fragen, ob der Fremde noch im Haus sei, und er fügte hinzu, sie hätten in der Kirche gehört, dass er ein Dieb sei. Der Bediente erwiderte, der Mann sei fort, aber er habe nichts mitgenommen. Vielmehr habe er ein kleines Päckchen zurückgelassen, das das gnädige Fräulein die Güte haben möge, einem alten Mann zu senden, der einmal Tagelöhner auf dem Gut gewesen war und jetzt auf der anderen Seite des Waldes an der großen Landstraße lebte.

»Er bat, das gnädige Fräulein sollte das Päckchen zuerst öffnen«, sagte der Bediente.

Das junge Mädchen riss den Umschlag auf und stieß einen kleinen Freudenschrei aus. Sie hatte eine kleine Mausefalle gefunden, in der drei zusammengerollte Zehnkronenscheine lagen.

»Da siehst du, Papa«, sagte sie. »Er ist allerdings in die Falle geraten, aber diesmal ist es ihm doch gelungen, wieder herauszukrabbeln.«

Der Totenschädel

Im Svartsjöer Kirchspiel in Värmland war einmal ein Mann, der war eines Weihnachtsabends überall in der ganzen Umgegend herumgegangen, um sich Gäste einzuladen, aber er hatte niemandes habhaft werden können, der an diesem Tag sein Haus verlassen wollte.

Lange streifte er herum, aber als es schließlich zu dämmern begann, ohne dass es ihm gelungen war, einen einzigen Gast an sich zu locken, merkte er, dass ihm nichts anderes übrig blieb, als unverrichteter Dinge heimzukehren.

Der Mann hätte sich wirklich selbst sagen müssen, dass es nicht anders hatte kommen können. Er hätte die Sache ruhig nehmen sollen, aber das tat er nicht, sondern war überaus erbost über all die Ablehnungen, die ihm zuteilgeworden waren. Er hatte sowohl Esswaren wie Branntwein eingekauft, und seine Frau war nun gerade damit beschäftigt, einen Schmaus zu richten. Aber was sollte das für eine Freude sein, wenn kein munterer Kamerad mitkommen und ihm am Weihnachtstisch Gesellschaft leisten wollte? »Das ist natürlich, weil sie sich zu gut dünken, zu mir zu kommen«, sagte er. »Weil ich Totengräber geworden bin, ist es nicht fein genug, den Weihnachtsabend in meinem Heim zu feiern.«

Diese Anklage war ganz ungerecht, denn man mag den Svartsjöern nachsagen, was man will, nie ist es einem Menschen aus diesem Kirchspiel in den Sinn gekommen, eine Einladung abzuschlagen, weil der Gastgeber ein zu geringer Mann ist. Und dieser Mann war ja kein gewöhnlicher Totengräber. Er hieß Anders Öster und war aus altem Spielmannsgeschlecht. Selbst war er Feldmusikant bei den Värmländer Jägern gewesen, und erst nachdem er gnädigen Abschied aus dem Kriegsdienst erhalten hatte, hatte er die Anstellung als Totengräber angenommen.

Obendrein war er nicht nur Totengräber, sondern auch Küster, ein Beruf, der durchaus nichts Abschreckendes an sich hat. Aber in der Gemütsstimmung, in der er sich augenblicklich befand, dachte er nur an die dunklen Seiten des Lebens.

»Wenn kein anderer zu mir kommen will, muss ich mir wohl ein paar Geister vom Kirchhof zu Gast laden«, murmelte er. »Die werden sich doch wenigstens nicht schämen, beim Totengräber zu schmausen.«

Er ging da eben an der alten grauen Steinmauer vorbei, die den Svartsjöer Kirchhof einfriedet, und darum war natürlich ein solcher Gedanke in seinem Hirn entstanden, aber er hatte vorderhand noch durchaus nicht die Absicht, Ernst damit zu machen.

Als er noch ein paar Schritte gegangen war, merkte er jedoch, dass ein runder weißer Gegenstand aus dem dürren Gras hervorschimmerte, das den Gehpfad besäumte. Das Ding blinkte viel weißer als ein gewöhnlicher Stein, und so blieb er stehen, um zu sehen, was das sein konnte. Da erblickte er in dem bleichen Dämmerlicht nichts Geringeres als einen Totenschädel. Er war wahrscheinlich mit Erde und Schutt aus einem Grab geworfen worden, das er am vorhergehenden Tag gegraben hatte, und dann war er wohl von irgendeinem Tier dahin geschleppt worden, wo er jetzt lag.

Unter gewöhnlichen Umständen hätte der Mann sicherlich dieses Überbleibsel eines Menschen aufgehoben, der einer seiner Vorväter sein konnte und auf jeden Fall im selben Kirchspiel gelebt hatte und gestorben war wie er; er hätte ihn in die Aufbahrungskammer getragen, aber jetzt war er nicht in der Laune, etwas so Einfaches und Natürliches zu tun.

Er zog vielmehr den Hut, verbeugte sich lächelnd vor dem Totenschädel und sprach ihn mit einer eigentümlich milden, flötenden Stimme an, die er nur dann hatte, wenn er in seiner bösesten Laune war.

»Guten Abend, guten Abend!«, sagte er. »Gehorsamster Diener. Ja, nun will ich vor allem ein fröhliches Weihnachtsfest wünschen, und dann möchte ich sagen, dass ich ausgezogen bin, um zum Schmaus zu bitten. Ich möchte wohl wissen, ob Ihr Euch zu gut dünkt, um heute Abend zu mir zu kommen? Es ist kein großes Fest, wisst Ihr, aber Essen und Branntwein wird es genug geben.« Nachdem er diese Einladung vorgebracht hatte, blieb er mit dem Hut in der Hand stehen, wie um die Antwort abzuwarten.

»Nun, Ihr sagt doch wenigstens nicht Nein«, fuhr er fort, nachdem er eine angemessene Zeit gewartet hatte, »und so darf ich wohl hoffen, dass Ihr kommt. Ich wohne dort drüben in dem großen Haus auf dem Kirchenhügel, so habt Ihr keinen langen Weg zum Gastmahl.«

Dabei lachte Anders Öster laut und wild auf, setzte den Hut auf den Kopf und begab sich in sein Heim, ohne sich auf dem Weg weiter aufzuhalten.

Es verhielt sich wirklich so, dass er der nächste Nachbar des Friedhofes war. Denn er hatte seine Wohnstatt im Gemeindehaus in ein paar kleinen Dachkammern. Als er nun durch die Einfahrt gegangen war und die Eingangstür öffnete, bot sich ihm ein Anblick, der nicht danach angetan war, seine schlechte Laune zu verbessern. Seine Frau lag nämlich gleich hinter der Tür auf dem

Boden und scheuerte den unteren Vorraum. Ein kleines schmales Talglicht stand in einem Messingleuchter vor ihr auf dem nassen Fußboden und beleuchtete Wassereimer, Bürste und Wischfetzen.
»Ja, das schickt sich wirklich, dass du noch hier liegst und scheuerst, wenn jeden Augenblick Gäste kommen können!«, sagte der Mann im Eintreten.
Sie hob das Gesicht, das überraschend schön war, mit reinen feinen Zügen, und warf ihm einen hastigen Blick zu. Sie merkte sofort, wie die Sache stand.
»Ach so, niemand wollte kommen«, sagte sie. »Ja, hab' ich mir's nicht gedacht! Das hat man doch sein Lebtag nicht gehört, dass sich Menschen am Weihnachtsabend zu Gast bitten lassen.«
»Nein, sie haben es alle zu gut, als dass sie zu uns kommen wollten«, sagte er mit einer Heftigkeit, als ob er eine Anklage gegen sie schleuderte. »Das heißt, einer hat die Einladung doch angenommen«, fuhr er in nachlässigem Ton fort, »aber er kommt erst etwas später.«
»Dann gehe doch zu uns hinauf und warte auf ihn«, sagte die Frau. »Es ist schon angezündet und gedeckt. Ich bin hier unten gleich fertig.«
Aber Anders Öster hatte durchaus keine Lust, so zu handeln, wie man ihn gebeten hatte. Er blieb im Flur stehen, der Scheuernden

mitten im Weg. Das wusste er, und es erfüllte ihn mit bitterer Befriedigung.

Rechts von ihm öffnete sich die Tür zur Ratsstube, wo die Gemeindeältesten ihre Sitzungen und Zusammenkünfte abzuhalten pflegten. In der offenen Feuerstatt brannte eine große prasselnde Flamme, die den ganzen Raum erleuchtete, und Anders Öster stellte sich hin und sah hinein. Die Stube war in altertümlicher Weise eingerichtet, mit groben schmucklosen Balkenwänden, ungeheuren Dielen und sichtbaren Dachsparren. Starke, wandfeste Bänke liefen rings um den ganzen Raum, ein großer ungestrichener Holztisch mit gewundenen Beinen stand erhöht in einer Ecke, dem Eingang schräg gegenüber, und vor dem Tisch ein hochlehniger lederbezogener Bürgermeisterstuhl, ein wahrhaftes Sinnbild sicherer Gewalt und unerschütterlicher Ruhe.

Die Frau hatte auch drinnen gescheuert und dann den Boden mit weißem Seesand und gehacktem Wacholderreisig bestreut. In dem flackernden Schein der lodernden Flamme erschien der Raum Anders Öster ansehnlich und traulich zugleich, und er sagte zu der Frau:

»Wenn du fertig bist, kannst du die Weihnachtsgerichte heruntertragen und hier in der Ratsstube aufdecken. Ich glaube, ich will den Weihnachtsschmaus hier abhalten.«

Die Frau sah ganz entsetzt zu ihm auf.
»Was meinst du?«, rief sie. »Du willst hier unten sitzen und mit dem saufen, den du erwartest? Man kann ja nichts vor die Fenster ziehen. Wenn jemand vorbeiginge, würdet ihr ja gesehen werden.«
Sie war ganz erregt. Die Ratsstube gehörte so wie die Kirche der Gemeinde, und sie betrachtete sie beinahe als eine heilige Stätte. Sie konnte sie sich nicht für ein Trinkgelage verwendet denken.
Aber Anders Öster wollte sich nicht dareinfinden, dass ihm an diesem Tag alles versagt wurde, was er sich wünschte.
»Sei doch nicht so widerspenstig, Bolla«, sagte er. »Ich sage dir, dass ich heute Abend hier sitzen und meinen Weihnachtsschmaus halten will.«
Es waren der große Tisch, die großen Stühle und die große Stube, die ihn lockten. Wenn er sein Weihnachtsfest, auf einem so ehrwürdigen Stuhle sitzend, feiern durfte, an einem Tisch, an dem neben ihm reichlich zwanzig, dreißig Leute Platz hatten, über einen Raum hinsehend, wo all die Mächtigen der Gemeinde sich zu versammeln pflegten, dann würde er sich als ein angesehener Mann fühlen, als ein Großbauer, und das war es, was ihm nottat.
»Du kannst sicher sein, dass du um deine Stelle kommst, wenn du das tust«, sagte die Frau. »Eine solche Tollheit wirst du nicht anstellen, solange ich lebe.«

Als die Frau sich in dieser entschiedenen Weise seinem Wunsch widersetzte, kannte sein Zorn keine Grenzen. All der Missmut, der sich während des ganzen Tages in ihm angesammelt hatte, kochte nun auf und wollte zum Ausbruch kommen.

Er erwiderte ihr kein Wort, sondern lief nur die Treppe zum Dachboden hinauf und in ihr Zimmer, wo er das Jagdgewehr von der Wand riss.

Dann schlich er mit leisen Schritten zur Treppe zurück und beugte sich über das Geländer, sodass er die Frau sehen konnte, die noch immer dalag und den Flurboden scheuerte.

»Bolla, Bolla«, sagte er mit einer Stimme, die so sanft und weich war, dass sie beinahe von Honig triefte, »ist das dein Ernst, dass ich nicht am Ratstisch sitzen und meinen Weihnachtsschmaus essen darf, solange du am Leben bist?«

»Ja, das ist es!«, rief sie rasch zurück; aber kaum war es gesagt, musste sie daran denken, dass diese flötende Stimme nie etwas Gutes zu bedeuten hatte. Sie warf einen raschen Blick hinauf und erblickte eine blanke Büchsenmündung ein paar Ellen über ihrem Kopf.

Blitzschnell warf sie sich zurück. Im selben Augenblick war der Flur von Rauch und Feuer erfüllt, und eine Kugel schlug gerade vor ihr in den Fußboden ein.

»Herr, du Allmächtiger!« Sie ließ alles stehen und liegen und floh Hals über Kopf hinaus in die Dunkelheit.

Anders Öster machte keinen Versuch, sie zu verfolgen. Er lachte nur kalt und schneidend auf, ganz so wie früher auf dem Weg. Dann ging er ganz ruhig hinauf und hängte das Gewehr an seinen Platz.

Hierauf begann er mit großer Raschheit und Behändigkeit alles so einzurichten, wie er es haben wollte. Er puffte die Scheuergerätschaften in einen Winkel des Flurs, um freien Durchgang zu haben, und trug dann alles, was die Frau zum Schmaus aufgetischt hatte, in die Ratsstube hinunter. Er breitete ein Tuch auf dem Ratstisch aus, setzte zwei zierliche dreiarmige Leuchter darauf, mitten dazwischen stellte er einen großen Butterstollen, auf das Sorgsamste gekräuselt und geziert, dann brachte er mehrere Sorten weiches Brot, fetten und mageren Käse, Wurst, Schinken, eine Hammelkeule, einen Humpen Weihnachtsbier sowie Messer und Teller. Zuallerletzt schleppte er das Branntweinfässchen hinab, das er mitten auf den Tisch stellte, mit einem Kranz von Gläsern unter der Pipe.

Als alles in Ordnung war, setzte er sich auf den Bürgermeisterstuhl und aß und trank wohlbehaglich und in guter Ruhe.

Es war vermutlich so, dass der aufgehäufte Zorn in ihm, der ihn so gequält hatte, dass jedes Glied ihn schmerzte, durch den abgefeuerten Schuss einen Ablauf gefunden hatte. Er empfand eine solche Erleichterung, dass er gar nicht anders denken konnte, als dass er recht gehandelt hatte.

Warum musste die Frau sich ihm auch in diesem widersetzen, das doch ein so unschuldiger Wunsch war? Es kam ihr doch zu, ihrem Mann untertänig zu sein. Nun war es ihr so ergangen, wie sie es verdient hatte. Er hatte nur Gerechtigkeit gegen sie geübt, und nicht genug damit, dass es gerecht gewesen war, es war dazu auch noch klug.

Wie er da saß, erinnerte er sich an eine ganze Reihe von Fällen, wo sie widerspenstig gewesen war. Aber jetzt hatte es wohl mit derlei ein für alle Mal ein Ende. Jetzt hatte sie einmal gelernt, wer der Herr im Haus war. Es war ein ganz vortrefflicher Einfall gewesen, auf sie zu schießen, fortab würde er bessere Tage haben und mehr Freude in seiner Ehe.

Er war müde und hungrig und ließ sich das Essen wohl schmecken. Nach einer Weile, als er sich satt zu fühlen begann, dachte er jedoch mit erneutem Bedauern daran, dass er nicht imstande gewesen war, sich Gesellschaft zu verschaffen.

Da fiel ihm mit einem Mal der Totenschädel ein. »Ich glaube, er will es machen wie die anderen und sich auch nicht einfinden«,

sagte er. »Da bleibt wohl nichts anderes übrig, als dass ich fortgehe und ihn hole.«
Er setzte den Hut auf, legte die wenigen Schritte zum Friedhof zurück und kam bald mit dem Totenschädel in der Hand zurück. Es klebte eine Menge Erde daran fest, und so tauchte er ihn in den Eimer und trocknete ihn mit dem Scheuerfetzen ab. Als er ihn so fein gemacht hatte, als er nur konnte, stellte er ihn auf dem Tisch vor sich auf.
Die Frau saß mittlerweile ganz verstört und verweint in einem Bauernhof, der einige wenige Schritte von der Kirche entfernt lag. Sie war zu guten Freunden und Nachbarn gekommen, die sie zu trösten versuchten, und da es Weihnachtsabend war, tat sie ihr Möglichstes, um wenigstens ihre Tränen zu unterdrücken, damit sie mit ihrem Jammer nicht ihre Weihnachtsfreude störe. Aber sie hatte das Gefühl, dass sie dasaß und in einen Abgrund hineinstarrte, in den sie stürzen musste.
›Er hat auf mich geschossen!‹, dachte sie ein ums andere Mal. ›Er hat mich töten wollen! Was soll aus uns werden?‹
Wäre er betrunken gewesen, dann hätte es weniger zu sagen gehabt. Aber er war nüchtern gewesen, und er hatte sie töten wollen, um solch einer Lappalie wegen.
Sie dachte an die lange Zeit, die sie miteinander gelebt hatten.

Mehr als zwanzig Jahre hatten sie Gutes und Böses miteinander geteilt, und nun war es dahin gekommen, dass er auf sie geschossen hatte. Es war also nicht die geringste Spur von Zärtlichkeit für sie in seinem Herzen nach all der Not und all den Kümmernissen, die sie miteinander durchgemacht hatten.

Hier im Bauernhof, in den sie ihre Zuflucht genommen hatte, waren ein paar kleine Jungen, die der ganze Vorfall ungemein interessierte. Immer wieder liefen sie hinaus, guckten durch die Fenster in das Gemeindehaus und erzählten ihr dann, was sie gesehen hatten.

»Jetzt trägt er das Essen hinunter und deckt auf dem großen Ratstisch auf«, berichteten sie. Nach einer Weile hieß es: »Jetzt sitzt er auf dem Bürgermeisterstuhl und isst und trinkt.«

Das nächste Mal erzählten sie, dass er dasaß und sprach, ganz als ob noch jemand im Zimmer bei ihm wäre. Er hob das Glas und trank jemandem zu, den die Kinder nicht sehen konnten.

Die Frau fragte nur wenig danach, was der Mann trieb. Sie konnte an nichts anderes denken als dieses Einzige, dass er auf sie geschossen hatte! Es schien ihr ganz unmöglich, zu ihm zurückzukehren. Nicht so sehr der Gedanke, dass sie in ewiger Angst vor einem Mann leben musste, der beim geringsten Widerspruch gleich zum Gewehr griff, hinderte sie, in sein Haus zurückzukehren. Es war vielmehr das herzlähmende Gefühl, dass er sie hassen musste, wenn er imstande war, sie auf diese Weise zu überfallen.

Das war unrettbar. Das ließ sich nie wieder gut-, nie ungeschehen machen. Der Grund, auf dem sie ihr Glück gebaut hatten, war eingestürzt. Jetzt hatte es keinen Halt mehr.

Kalte Schauer schüttelten sie, während sie der Bäuerin half, die Grütze zu rühren und den Weihnachtstisch zu decken. ›Er hat mich ja doch mit seinem Schuss getötet‹, dachte sie, ›er ist mir gerade durchs Herz gegangen.‹

Sie hatte sich eben mit den anderen am Weihnachtstisch niedergelassen, als die Tür sachte aufging und der Mann eintrat. Er ging nicht in das Zimmer vor, sondern blieb im Schatten bei der Tür stehen. Er winkte ihr nicht, dass sie zu ihm kommen solle; er machte überhaupt keine Bewegung, er stand nur da.

Im ersten Augenblick empfand sie nichts anderes als Zorn, dass er es wieder wagte, ihr in die Nähe zu kommen, und sie zwang sich, ihn nicht anzusehen und zu tun, als ob er gar nicht da wäre. Aber natürlich konnte sie es doch nicht lassen, hie und da einen hastigen Blick zur Tür zu werfen, und sie wunderte sich, dass er so still dastand. ›Es ist ihm etwas geschehen‹, dachte sie. ›Er ist nicht derselbe wie vorhin. Er ist ganz weiß im Gesicht. Gewiss ist er krank geworden. Vielleicht hatte er schon Fieber, als er vorhin auf mich schoss.‹

Sie stand vom Tisch auf, sagte leise: »Habt schönen Dank« und ging auf die Tür zu. Der Mann öffnete sie und ging vor ihr aus dem Haus und auf ihr Heim zu. Er ging den ganzen Weg schweigend, und sie hatte das Gefühl, dass sie seinem Geist folgte, nicht ihm selbst.

Sie wusste ja, dass er in der Ratsstube aufgedeckt hatte, aber davon war jetzt keine Spur zu sehen, sondern alles war fein säuberlich zurechtgestellt. Er ging über die Treppe in ihre eigene Wohnung auf dem Dachboden. Auch da sah alles ganz so aus wie da sie von daheim fortgelaufen war.

Das Einzige, was ihr fremd war, war ein Totenschädel, der in einer Ecke des Zimmers auf einem Tisch stand. Der Mann stellte sich an den Tisch und wies auf den Schädel.

»Sieh ihn an«, sagte er.

Sie tat es, aber konnte nichts Ungewöhnliches daran sehen.

»Siehst du, dass er erschossen worden ist, ermordet?«, sagte er. »Er ist kein Selbstmörder gewesen. Der Schuss ist von rückwärts gekommen, hier dicht hinter dem Ohr.«

»Ja, ich sehe«, sagte sie in zitternder Erwartung.

»Kannst du dich erinnern, je von einem gehört zu haben, der in diesem Kirchspiel erschossen worden wäre? Nein, so etwas hat sich zu unserer Zeit nicht begeben, und auch nicht zu unserer Eltern Zeit. In dieser Gegend ist wohl nicht oft jemand ermordet worden. Dieser hier ist vielleicht der Einzige von all jenen, die auf dem Friedhof begraben liegen, der durch einen Schuss gefallen ist, und just heut' Abend ist er zu mir gekommen.«

Er nickte ihr, das, was er eben gesagt hatte, bekräftigend, zu und fuhr fort:

»Denke doch nur! Von den vielen tausend Schädeln, die hier auf dem Friedhof begraben sind, gibt es vielleicht nur diesen einen, der von einer Mörderkugel durchbohrt wurde, und gerade der liegt nun hier vor mir.«

Die Frau stand noch immer stumm da.

»Er lag mir im Weg, als ich heute abends heimging, gerade dieser hier mit dem Schusszeichen. Er wollte sich mir wohl zeigen, aber ich sah ihn damals nicht so recht an. Später, als ich allein hier saß, kam er mir immer in den Sinn, sodass ich schließlich nicht anders konnte, ich musste gehen und ihn holen. Er erbarmte mich, weil er so allein draußen in der Kälte und Dunkelheit lag, und überdies wollte ich jemanden haben, mit dem ich reden konnte. Und als ich ihn dann vor mir auf den Tisch stellte und ein Glas einschenkte, um mit ihm anzustoßen, da sah ich, dass er von einem Schuss zersprengt war. Was sagst du dazu, Bolla? Wo ist er her, und warum kam er mir gerade heute Abend in den Weg? Woher kommt es, dass ich ihn gleich hereinholen musste, nachdem ich auf dich geschossen hatte?«

»Das war wohl Gott«, flüsterte sie und faltete die Hände.

»Ja«, erwiderte er ebenfalls flüsternd. »So ist es. Es war Gottes Wille. Er wollte, dass ich gerade diesen sehen sollte. Er sollte mir zeigen, was es war, was ich hatte tun wollen. Er wurde mir gesendet, damit ich meine große Sünde und Verworfenheit erkenne.«

Sie näherten sich einander. Unwillkürlich fassten sie sich bei den Händen und blieben still vor dem Totenschädel stehen, mit einem Ausdruck im Gesicht wie zwei unschuldige Kinder. Sicherlich war er ihnen von Gott gesandt. Er sagte ihnen durch seine Gegenwart, dass Gott sich ihrer annahm, dass er Erbarmen mit ihnen hatte und sie retten wollte.

Sie fühlten plötzlich, dass alles andere ohne Belang war. Die Frau verlangte nicht, dass der Mann ihr sage, dass er bereue. Sie hatte ganz vergessen, dass sie nicht mehr mit ihm zusammenleben wollte. Der Mann dachte nicht mehr, wer von ihnen beiden jetzt der Herrschende im Haus sein würde. Sie hätten tausendmal aufgebrachter gegeneinander sein können, sich tausendmal mehr vorzuwerfen haben können, alles wäre vergessen gewesen vor der

beseligenden Gewissheit, dass Gott sich ihrer erbarmt hatte und sie davor erretten wollte, einander zu hassen.
Gott wollte ihnen wohl. Darum hatte er ihnen einen Warner geschickt. Vor etwas so Großem vergaßen sie nicht nur ihren Groll gegeneinander, sie vergaßen auch ihre Armut, ihre Zukunftssorgen. Sie fühlten das größte Glück, das Menschen empfinden können.

Friede auf Erden

In früheren Zeiten konnte es manchmal so seltsam zugehen. Da sitzen die Hausgenossen an einem Weihnachtsabend in der Stube beisammen, Feiertagsfrieden im Gemüt. Das Vieh hat sein Futter bekommen, das Bad ist überstanden, eine dünne Lage Stroh ist auf den Boden gestreut, die besten Kleider sind angelegt, zwei Talgkerzen brennen auf dem Tisch, und am Tischende sitzt der Hausvater und liest aus Gottes Wort vor.

Während er so von der Anbetung der Hirten und dem Friedensgruß der Engel liest, geht die Türe auf, nicht völlig, sondern gerade nur so weit, dass jemand, der draußen steht, hereinschauen kann, ohne selbst gesehen zu werden. Gleich darauf huscht ein Wesen mit Windeseile in die Wohnstube, zieht die Tür fest hinter sich zu und schiebt Haken und Riegel vor. Der Hausvater, der laut liest, merkt wohl, dass jemand hereingekommen ist, unterbricht sich aber darum nicht im Lesen.

Doch die verheiratete Tochter, die neben ihm sitzt, legt ihm erschrocken die Hand auf den Arm. »Vater«, flüstert sie, »sieh doch, Vater!«

Es spricht solche Verwunderung und Angst aus ihrer Stimme, dass der Lesende innehält, die Brille abstreift und zur Tür hinsieht.

Es ist eine recht geräumige Hütte, so wie sie im Norden des Landes zu sein pflegen, wo man mit dem Bauholz nicht zu sparen braucht, und sie ist ganz grau, nicht nur außen, sondern auch innen. Es sind keineswegs arme Leute, die darin wohnen, aber dennoch ist es so, dass alles grau von Alter und Rauch ist, Wände, Decke und Fußboden. Nur die Wanduhr und der hohe Schrank sind mit blauer und brauner Farbe gestrichen.

Als der Bauer den Blick auf die Tür richtet, kann er anfangs nicht ausnehmen, was da hereingekommen ist. Er glaubt nur graue Planken und Klötze zu sehen.

Wieder wendet er sich der verheirateten Tochter zu. Die Spannung ist nicht aus ihrem Gesicht gewichen, und ihre Augen starren noch immer unverwandt auf die Tür.

»Am Türpfosten!«, flüstert sie, um dem Vater zu Hilfe zu kommen, und nun sieht er, dass am Türpfosten etwas Graues, Verdorrtes steht, etwas, das wie der Strunk eines vom Wind entblätterten Baumes aussieht.

Er kann nicht klug daraus werden. Dieser Strunk ist mit Birkenrinde und Fellstücken bedeckt, und darunter sieht er ein paar

Füße hervorlugen. Sie sind notdürftig von ein paar löchrigen Rindenschuhen verhüllt, und der Bauer sieht, dass es Menschenfüße sind, doch so ausgemergelt, dass die Zehen auseinanderzufallen scheinen. Plötzlich weiß der Bauer, warum er nicht ausfindig machen kann, was er vor sich sieht. Das Wesen, das an der Türe steht, hat langes graues Haar, und die ganze graue Haarmasse ist nach vorne über das Gesicht geworfen. Eine Hand, die ebenso ausgemergelt und fleischlos ist wie der Fuß, hebt das Haar auf der einen Seite hoch, und ein Auge starrt darunter hervor, so wie ein wildes Tier aus seiner Höhle starrt.

›Das ist ein Weibsbild‹, denkt der Bauer, da er das lange Haar sieht. ›Sie hat wohl in den Wäldern mit einem Geächteten gelebt, darum hat sie Kleider aus Birkenrinde und Fellen an. Aber warum hat Magnhild solche Angst vor ihr? Wer so klein und schwach ist, kann einem doch nichts zuleide tun. Vielleicht glaubt Magnhild, dass es eine Hexe ist.‹

Er wendet sich der verheirateten Tochter zu, um sie durch einen Blick zu beruhigen. Sie hat sich halb von der Bank erhoben, ihre Augen hängen wie festgebannt an jenem Geschöpf dort am Türpfosten. Der Bauer kann nicht verstehen, was in sie gefahren ist. Magnhild pflegt sich doch sonst weder vor Bären noch vor Trollen zu fürchten.

Der Bauer sieht sich um. Alle in der Stube haben nun die Blicke auf die Tür gerichtet. Da ist der Sohn. Noch ein Knabe, eben erst fünfzehn geworden. Sicherlich hat er nie zuvor etwas so Sonderbares gesehen. Er scheint drauf und dran, in Lachen auszubrechen. Der Schwiegersohn hinwiederum ist aufgesprungen und macht ein bitterböses Gesicht. Wer sie nun sein mag, die dort drüben am Türpfosten steht, er ist Manns genug, um Haus und Hof zu schützen! Die zwei alten Mägde sind ängstlich. Sie ducken sich am Herd zusammen, sie haben die Hände vor die Augen geschlagen und ziehen die kleineren Kinder an sich, die sich weinend unter ihren Röcken verkriechen. Das kann der Bauer verstehen, Kinder und alte Leute sind leicht geschreckt. Aber Magnhild?

Der Bauer sieht ein, dass auf ihn, den Hausvater, alle warten. Er soll bestimmen, was zu geschehen hat, und nun erhebt er sich schwerfällig und räuspert sich in seiner Unschlüssigkeit. Doch Magnhild zieht ihn wiederum auf die Bank nieder. »Pst, pst!«, sagt sie. Und der Bauer, der nicht gerne etwas unternimmt, bevor er sich so recht im Klaren ist, was er will, bleibt nun still sitzen.

Dafür erhebt sich die verheiratete Tochter von ihrem Platz. Sie nähert sich der Tür, bleibt stehen, macht wieder einen Schritt vor und bleibt abermals stehen. Sie sieht aus, als nähere sie sich einem brennenden Haus, in das sie hineinmuss, um ihr Hab und Gut zu bergen. Aber als sie auf zwei Schritte an die Gestalt herangekommen ist, macht sie wieder kehrt. Sie geht zurück und setzt sich neben den Vater. »War mir's doch, als hätte ich sie erkannt«, sagt sie ganz leise, als spräche sie nur zu sich selbst, »aber das kann doch nicht sein.«

›Erkannt?‹, denkt der Bauer. ›Was meint sie denn? Wie sollte sie jemand kennen, der so aussieht?‹

Jetzt erst beginnt die Fremde sich zu regen. Schwer seufzend schleppt sie sich über den strohbestreuten Boden. Sie geht schlecht auf den halb nackten Füßen mit den langen dünnen Zehen, unsicher, als ginge sie auf Vogelkrallen. Sie kommt keinem Menschen nahe, sondern geht auf die tickende Uhr zu, die drüben in der Ecke in ihrem hohen Gehäuse prangt. Da bleibt sie stehen und schaut und horcht lange, unendlich lange.

Die verheiratete Tochter wird wieder unruhig. »Vater«, sagt sie, »die Uhr stand nicht hier, als Urd verschwand. Kann es möglich sein, dass sie es ist?«

Der Bauer räuspert sich wieder. Ach so, Magnhild dachte an Urd, die ältere Schwester, die seit zehn Jahren verschollen war. Dies sollte Urd sein? Er spuckt geringschätzig in weitem Bogen aus. Speit gleichsam den Gedanken aus. Urd, die so schön war, so weiß und rot, so goldhaarig, so jung und lieblich! Das war eine verhungerte alte Vettel aus dem wilden Wald.

Ein solcher Wahnwitz!

Der Eidam macht eine fragende Gebärde, und der Bauer nickt zustimmend. Am besten, sich der Närrin zu entledigen! Magnhild kann ihr ein bisschen Essen zustecken, und sie mag sich in einer Stallecke schlafen legen, wenn sie nicht weiterwandern will. Es ist mildes Wetter, ein schneefreier Winter, da hat es keine Not mit ihr. Man kann ja am Heiligen Abend nicht die rechte Andacht fühlen, solange ein halb verrückter Mensch hier in der Stube herumtorkelt.

Aber der Befehl des Vaters wird nicht befolgt. Magnhild geht auf ihren Mann zu: »Erkennst auch du Urd nicht?«

Der Mann zuckt zusammen und sieht für einen Augenblick bestürzt aus. Aber dann wirft er einen Blick auf die Fremde und kann sich kaum des Lachens erwehren. Das sollte Urd sein? Wenn einer sie kennen müsste, dann doch er! Vor zehn Jahren hatte er sie heiraten wollen, und gerade eine Woche, bevor sie getraut werden sollten, war sie verschwunden.

Noch einmal sah er zu der Fremden hin. Das war ja ein verhutzeltes altes Weib, krumm, weißhaarig, mit einer Haut wie gegerbtes Leder. Er vermochte gar nicht zu begreifen, wie Magnhild sich einbilden konnte, dies sei Urd. Aber sie ging ja beständig in der Angst herum, dass die Schwester wiederkommen könnte. Sie meinte, sie hätte sich auf ihren Platz gesetzt, als sie ihn geheiratet hatte. Noch jetzt, nach zehn Jahren, konnte sie sich nicht dazu bringen, zu glauben, dass Urd tot sei. »Was soll ich anfangen an dem Tag, an dem Urd zurückkommt und sieht, dass ich mit ihrem Bräutigam verheiratet bin?«, pflegte sie immer wieder und wieder zu sagen.

Jetzt endlich wendet sich die Fremde von der Uhr ab und geht weiter in die Stube hinein. Vorsichtig weicht sie den Menschen aus, man merkt deutlich, dass sie sich hütet, ihnen nahe zu kommen, und tastet sich zum Bett hin. Sie streicht mit der Hand darüber hin, befühlt es und sucht und zieht dabei die Luft mit kurzen Atemzügen ein wie ein witternder Hund. Als sie sich vergewissert hat, dass das Bett ganz leer ist, gibt sie ein leises unzufriedenes Murmeln von sich.

»Vater, das ist sie!«, schreit Magnhild auf. »Als sie vor zehn Jahren verschwand, lag die Mutter hier krank. Sie tastet, ob sie noch im Bett ist.«

Es hat den Anschein, als wüsste die Fremde jetzt nicht recht, wohin sie sich wenden soll. Sie hebt das Haar von den Augen, um sich in der Stube umzuschauen, und jetzt sehen alle ihr abgezehrtes Totengesicht.

Die verheiratete Tochter bricht in Schluchzen aus. Wohl ist es wahr, dass ihr vor der Stunde gebangt hat, da Urd zurückkehren würde, aber darum weiß sie nicht mehr. Ihr Herz blutet. Sie denkt nur daran, was die Schwester durchgemacht haben muss, um so zu werden, wie sie sie jetzt sieht. Man konnte freilich nicht wissen, ob sie den Verstand gänzlich verloren hatte, aber dass sie kein richtiger Mensch mehr war, das sprang in die Augen. Sie hatte etwas Tierisches an sich.

»Wer hat sie so zugrunde gerichtet? Bei wem ist sie gewesen?«
Die Fremde setzt ihre Wanderung durch die Stube fort. Schnüffelt und schnuppert, sehen kann sie nicht viel. Das Haar hat sie wieder übers Gesicht gezogen.

Magnhild geht auf sie zu, legt ihr die Hand auf den Arm und fragt: »Bist du es, Urd? Ich erkenne dich. Sag, dass du es bist!«
Da zuckt sie zusammen, fährt in eine Ecke wie eine aufgescheuchte Ratte und rührt sich lange nicht mehr von der Stelle.

Dann wagt sie sich doch wieder vor. Man merkt, dass sie etwas ganz Bestimmtes sucht. Sie geht von einem Ding zum anderen, von der Bank zum Tisch, von der Truhe zum Bett, tastet und wittert, aber gibt sich nicht zufrieden.

Schließlich nähert sie sich dem Herd, und die Kinder und die zwei alten Mägde, die auf dem Herdrand gesessen haben, weichen scheu vor ihr zurück. Das ist ganz begreiflich, denn ihnen erscheint sie nicht als ein Mensch, sondern eher als ein Tier.

Sie tastet über die Herdplatte, befühlt ein paar Töpfe. Wieder lässt sie dieses missvergnügte Murmeln hören, aber sie sucht unverdrossen weiter.

Unter unaufhörlichem Schnuppern und Wittern ist sie zum Backofen gekommen und hat das Ofentürchen geöffnet. Als sie dies tut, stößt der Bauer einen Ruf des Staunens auf. Das Backofentürchen hat einen Fehler, sodass es schwer zu öffnen geht, aber die Fremde hat es sofort ohne die geringste Schwierigkeit aufgebracht, so als wüsste sie von jeher, wie man sich dabei anstellen muss.

Aber wie könnte das Urd sein?

Sie tastet im Backrohr herum, und plötzlich hört man von dort drinnen ein heftiges Fauchen. Die alte Hauskatze zeigt sich in der Öffnung, sie macht einen Buckel, und alle ihre Haare sträuben sich.

Sogleich streckt die Fremde die Hände aus, nimmt die Katze, streichelt und hätschelt sie und setzt sich schließlich mit der Katze auf dem Schoß auf die Herdplatte.

Noch verblüffter ist der Bauer, als er sieht, wie die Katze sich bei ihr zurechtlegt und zu schnurren beginnt. Hat die Katze sie erkannt? Kann es am Ende doch Urd sein?

Nun fängt sie ganz unversehens an, mit der Katze zu reden.
Alle in der Stube sind so betroffen, dass es ihnen einen Riss gibt. Sie waren wohl gar nicht darauf gefasst, dass die Fremde sprechen könnte, zumindest nicht so, dass man sie verstehen würde.
Aber dies fällt ihnen auch nicht so ganz leicht. Ihre Stimme hört sich so heiser und rau an, dass es klingt, als wäre die Kehle aus Mangel an Übung eingerostet. Sie hören, dass sie redet, sie hören, dass es Worte sind, aber es mengt sich so viel Krächzen und Zischen hinein, dass es ihnen nicht möglich ist, etwas aufzufassen.
Die verheiratete Tochter schleicht sich dicht an die Fremde heran und legt sich vor ihr auf die Knie, um besser zu hören.
Sie spricht so rasch, ihre Schwester oder wer sie nun sein mag. Es klingt so, wie wenn Kinder Regeln herunterleiern, so geschwind geht es. Magnhild kann die Worte nicht erhaschen, aber so viel hört sie doch, dass es dasselbe, immer ein und dasselbe ist, was wiederkommt.
Manchmal will es sie dünken, dass alles nur ein einziges Gekrächze ist. Es ist ebenso unmöglich zu deuten wie Vogellaute.
Aber sie will es nicht aufgeben. Sie muss endlich Klarheit über all das Schreckliche haben, das sie ahnt. Dies ist vielleicht die einzige Gelegenheit, die sich ihr bietet.
Nun kommt endlich ein Wort, das sie versteht. Sie versteht meh-

rere und noch mehrere. Bald kann sie ganzen Sätzen folgen. Sie ist in furchtbarer Spannung. Sie hat das Gefühl, dass sie nicht mehr mit den Ohren lauscht, sondern mit ihrem ganzen Willen, mit ihrer ganzen Seele.
Die anderen kommen auch heran und versuchen zuzuhören, aber sie können nichts Rechtes ausnehmen. Der Bauer fragt Magnhild ein ums andere Mal, ob sie etwas verstehe, aber sie bedeutet ihm nur durch Zeichen, sich zu gedulden.
Schließlich merkt sie nicht einmal mehr, dass er fragt, denn nun hat sie es so weit gebracht, dass sie allem, was die Fremde sagt, von Anfang bis zu Ende folgen kann.
»All dies sag ich der Katze, niemand anderem als der Katze«, so beginnt sie ihre Litanei. »Ich habe nie geschworen, dass ich es der Katze nicht sagen werde.
Ich sage der Katze, dass ich eine Woche, bevor ich getraut werden sollte, von einer Räuberbande fortgeschleppt wurde.
Ich sage der Katze, dass sie mich wegführten, in ihre Höhle in den Bergen und mich dort einsperrten. Sie ließen mich am Leben, aber ich musste schwören, dass ich keinem Menschen verraten würde, wo sich ihr Schlupfwinkel befindet.
Ich sage der Katze, dass ich all die Zeit, seit ich in ihre Gewalt kam, ihre Dienstmagd war. Ich sage der Katze, dass ich nicht

weiß, wie lange Zeit vergangen ist, aber während ich dort war, habe ich dem Räuberhauptmann sieben Kinder geboren, die er alle im Fluss ertränkt hat.

Es sind ihrer neun Räuber, neun Missetäter. Sie leben von Diebstahl und sie ergötzen sich am Mord. Sie hausen in einer Höhle im Berg, wo niemand sie je zu finden gewusst hat.

Ich sage der Katze, dass ich Erbsen und Graupen gesammelt und auf den Boden gestreut habe, von dem großen Stein an, der die Höhle verschließt, bis hierher zur Haustür.

Es ist ein großer Berg und ein großer Fluss. Ich weiß nicht, wie sie heißen, aber ich habe Erbsen und Graupen auf die Erde gestreut. Durch tiefe Wälder bin ich gegangen, um herzukommen. Ich weiß nicht, wie man sie nennt, aber ich habe Erbsen und Graupen auf den Boden gestreut.

All dies sag ich der Katze, nicht weil sie mich von Vater und Mutter fortgenommen, nicht weil sie mich geraubt haben, eine Woche bevor ich vor den Traualtar treten sollte, nicht weil sie mich in Kälte und Finsternis eingesperrt hielten, nicht weil mein Haar weiß geworden und mein Jugendreiz dahin ist, nein, nur weil der Räuberhauptmann meine sieben Kinder in den Fluss geworfen hat.«

Als Magnhild all dies zu Ende gehört hat, erhebt sie sich. Sie geht auf den Vater zu und stellt sich vor ihn hin und wiederholt ihm

Wort für Wort, was sie soeben vernommen hat. Wie sie so spricht, ist ihr Gesicht finster und hart, und sie sagt alles deutlich und klar, aber es liegt solcher Schmerz und Groll in ihrer Stimme, dass wer sie hört, alles versteht und nachfühlt, was die Schwester erduldet hat, und darunter leidet wie unter körperlichem Weh und Schmerz.
Während Magnhild noch spricht, fällt ihr Blick auf das Neue Testament, das noch vor dem Vater auf dem Tisch liegt, und sowie sie mit Urds Botschaft zu Ende gekommen ist, zieht sie das Buch an sich und schlägt es zu.
»Du gebietest Frieden, du«, sagt sie zu dem Buch, »aber du hast wohl nicht bedacht, dass so etwas wie dies geschehen könnte. Das willst du nicht ungestraft lassen, das, was diese bösen Räuber meiner Schwester angetan haben. Ich will mein Leben hingeben, alles, was mir am teuersten ist, alles, was ich Glück nenne, dass sie gerächt werde. Aber jetzt stelle ich dich weg, denn andere Lehren als die deinen will ich heut Abend hier hören.«
Sie stellt das Buch auf seinen angestammten Platz oben auf dem Schrank und wendet sich den Männern zu. Diese sind jetzt so aufgebracht, dass sie zu kühnsten Taten bereit wären.
Der Bauer steht auf und geht zu Urd hin, die dasitzt und die Katze streichelt und ihr immer wieder ihre Litanei vorspricht.

Es ist unmöglich herauszufinden, ob sie sich klar darüber ist, was sie jetzt tut. Man kann nicht recht glauben, dass sie bei vollem Bewusstsein ist. Es sieht eher aus, als hätte sie sich früher, bevor sie in so tiefes Elend versunken war, ausgedacht, was sie täte, wenn es ihr gelänge, sich von den Räubern wegzuschleichen, und als spräche und handelte sie nun nach dem vorgefassten Plan, ohne selbst mehr zu wissen, was es gilt.

Der Vater steht da und sieht auf sie hinab. Die Stirnadern schwellen ihm höher und höher, und als er spricht, ist seine Stimme heiser und unkenntlich.

»Bisher«, sagt er, »bin ich ein friedfertiger Mann gewesen und habe keinem vom Weibe Geborenen ein Haar gekrümmt. Aber für dies mit Urd will ich nach der Väter Weise Rache nehmen, ohne erst bei Vogt oder Amtmann Beistand zu suchen. Wenn einer da ist, der mit mir kommen will, soll es mir recht sein, sonst werden ich und meine Flinte die Sache allein abmachen.«

Urds Bruder, der, als sie geraubt wurde, erst fünf Jahre zählte und sich ihrer kaum erinnern kann, hat schon die ganze Zeit dagestanden und mit den Zähnen geknirscht, ohne es selbst zu merken, und der Mann, der Urds Gatte hätte werden sollen, wenn sie nicht geraubt worden wäre, steht totenbleich da und atmet so schwer, dass es wie ein Röcheln klingt.

Bei den Worten des Vaters fühlen sich die beiden sehr erleichtert. Ja, dies, gegen die Räuber, so viele ihrer auch sein mögen, auszuziehen und sie niederzuschießen wie tolle Hunde, war das Einzige, das den Rachedurst stillen konnte, der in ihren Herzen tobte.

Als Magnhild den Mann sagen hört, dass er sich dem Vater anschließen will, versiegen ihre Tränen, und sie hebt stolz den Kopf. »Nun bin ich Urds wegen froh, dass ich mit dir verheiratet bin«, sagt sie. »Wärest du jetzt nicht mein Mann, so wärest du auch heute Abend nicht hier, und der Vater hätte keinen so tapferen Kämpfer wie dich an seiner Seite.«

Und sie lässt ab zu klagen und geht daran, die Männer auszurüsten. Sie legt ihre Kleider bereit und prüft sorgsam ihre Schuhe und Strümpfe, Gürtel, Knöpfe und Riemen, um zu sehen, ob auch alles heil und stark ist. Denn auf einem Gang wie diesem darf es an nichts fehlen.

Der Vater begibt sich zu ein paar Nachbarn, um zu fragen, ob sie ihm beistehen wollen. Der Schwiegersohn und der Sohn bleiben daheim, um Gewehre und Pulverhorn instand zu setzen und ihre Messer scharf zu schleifen.

So nach und nach kommen doch alle mit ihren Vorbereitungen zu Ende, und Magnhild überredet sie, zu Bett zu gehen. Sie selbst, sagt sie, müsse noch ein Weilchen aufbleiben, um sie mit Wegzehrung zu versorgen.

Die arme Heimgekehrte hat sich ein Häuflein Weihnachtsstroh zusammengetragen, und darauf ist sie eingeschlummert. Sie war nicht zu bewegen, sich in ein Bett zu legen.

Es ist still um Magnhild geworden, und in dieser Stille gehen ihre Gedanken um ein paar Stunden zurück, als sie alle noch ruhig und friedlich beisammen waren und dem Engelsgruß an den großen Friedensfürsten lauschten. Da kommt es ihr in den Sinn, dass sie selbst die Bibel weggestellt hat, gleichsam als meinte sie, dass sie jetzt an ein Werk gingen, das der Lehre der Heiligen Schrift entgegen war.

Aber wie sie da steht, will sie nicht glauben, dass dem so ist. Es konnte doch nicht so gemeint sein, dass man jenen verzeihen solle, die morden und stehlen? Sie wusste, dass Jesus seinen Peinigern verziehen hatte, aber das war etwas anderes. Er sagte ja selbst von ihnen, sie wissen nicht, was sie tun.

Aber die so gegen eine Unschuldige verfahren, dass sie, als sie in ihr Heim zurückkehrt, wie ein wildes Tier ist, die sollten nicht gestraft werden? Es kann doch nicht Gottes Wille sein, dass solche frei ausgehen?

Wie sie noch in diesen Gedanken umhergeht, glaubt sie

ein leises Rascheln zu hören. Es ist so schwach, dass man es kaum unterscheiden kann. Es ist wie das Flattern kleiner Schmetterlingsflügel.

Sie eilt zur Türe und öffnet sie. Dort draußen hört sie dieses leichte Flattern noch deutlicher, und als sie die Hand ausstreckt, fällt eine kalte feuchte Flocke darauf.

Es kommt Schnee. Der erste Schnee des Jahres. Und gerade an diesem Abend kommt er!

Nun er einmal zu fallen begonnen hat, kann man damit rechnen, dass es so fortschneien wird, bis sich die Haufen hoch an der Hausmauer türmen werden.

Magnhild ist ganz verzagt stehen geblieben. »Ist dies die Antwort für mich?«, fragt sie.

Nun ist schon so viel Schnee gefallen, dass die Spuren, die Urd hinterlassen hat, nicht wiederzufinden sind. Von Urd selbst war keine Aufklärung zu erwarten. Sogar wenn sie sich erholte und klarer im Kopf würde, konnte sie ihres Eides wegen nicht mehr sagen, als sie heute gesagt hatte.

Es sah aus, als sollten die Bösewichte straflos bleiben. Man konnte morgen nicht gegen die Räuberhöhle ausziehen.

Mit zusammengebissenen Zähnen stand Magnhild da und lauschte dem Fall der Flöckchen. Nichts ist stiller und einlullender, nichts mehr darnach angetan, den Sinn zur Ruhe zu wiegen, als dieses Flattern der winzig kleinen Flügelchen, es ist ein Friedensgruß vom Weihnachtshimmel.

Sie kehrt in die Stube zurück und zieht sachte die Tür hinter sich zu. Dann nimmt sie das Buch vom Schrank und beginnt darin zu blättern.

»Also nicht einmal dies wolltest du«, sagt sie, »nicht einmal dies.«

Nachwort

Auf Schwedisch erschien Selma Lagerlöfs Erzählung »Friede auf Erden« erstmals 1933 in einer Buchausgabe, und zwar in ihrem letzten Werk *Höst* (Herbst), das autobiografische Aufsätze, Reden und Erzählungen enthielt. Entstanden war der Text jedoch bereits 1917, im vorletzten Jahr des Ersten Weltkriegs, und wurde damals in der Weihnachts-Anthologie *Julrosor* (Christrosen) gedruckt.
Die Veröffentlichung dieser Erzählung in deutscher Übersetzung hat dagegen eine Geschichte, in die Politik, Krieg und Zufall so unglücklich hineinspielten, dass sie deutschen Lesern bis heute nicht bekannt wurde.
Seit sich die schwedische Nobelpreisträgerin 1933 für »landflüchtige Intellektuelle« stark gemacht hatte, ließ das Engagement ihres deutschen Verlags Langen Müller nach. Als einzige Neuerscheinung wurde 1935 noch das kleine Bändchen *Wiederkehr nach Värmland und andere neue Geschichten*, das einige Texte aus *Höst* umfasste, veröffentlicht. Im Übrigen wurde nur nachgedruckt, und eine für Selma Lagerlöfs 75. Geburtstag im November 1933 geplante Gala fiel aus.

Im Jahr 1940 schließlich lag die Erzählung »Friede auf Erden« in der Übersetzung der Wienerin Marie Franzos (1870–1941) dennoch auf Deutsch vor und wurde vom Stockholmer Bermann-Fischer-Verlag, wie der Berliner S. Fischer Verlag im Exil hieß, veröffentlicht. Lagerlöfs Text leitete die von Olle Holmberg herausgegebene Sammlung *Zwölf schwedische Erzähler von heute* ein, von Bermann-Fischer vermutlich als eine Art Tribut an jenes Land gedacht, das ihn so gastfreundlich aufgenommen hatte. Der Druck des Bandes erfolgte im Frühjahr 1940 in Holland, wo jedoch die ganze Auflage von 2800 Exemplaren beim Einmarsch der deutschen Truppen beschlagnahmt wurde.

Ein Exemplar zumindest kam in Stockholm an, aufgrund dessen 1942 ein Nachdruck hergestellt wurde. Vermutlich reichte seine Bekanntheit jedoch nicht weit über das Exil-Publikum des Bermann-Fischer-Verlags hinaus.

Die Übersetzerin Marie Franzos hatte sich inzwischen in Wien das Leben genommen, nachdem man ihr – sie war Jüdin – die Ausreise in die Schweiz verweigert hatte. Auf diese Weise geriet die Erzählung »Friede auf Erden«, jedenfalls im deutschsprachigen Raum, in Vergessenheit. In der hier vorliegenden und nach ihr benannten Sammlung steht sie erstmals neben Lagerlöfs beliebtesten und wohlbekannten Weihnachtsgeschichten.

Die sieben Erzählungen dieses Bandes entstanden in einem Zeitraum von 35 Jahren: Die älteste, »Ein Weihnachtsgast«, schrieb Selma Lagerlöf 1893. Sie hängt thematisch mit ihrem Romanerstling *Gösta Berlings Saga* zusammen.

In »Gottesfriede« (1898) ist der Schauplatz der einsam am Wald gelegene Hof der Ingmarssons, der in Selma Lagerlöfs späterem Roman *Jerusalem* (1901–02) eine zentrale Rolle spielt.

Nach ihrer ersten großen Auslandsreise 1895–96, die sie gemeinsam mit Sophie Elkan nach Sizilien unternommen hatte, begann Selma Lagerlöf Legenden zu schreiben: Aus dem Erzählband *Christuslegenden* von 1904, der bis heute gerade auch in der katholischen Welt zu ihren bekanntesten Büchern zählt, stammt »Die Heilige Nacht«. Die Autorin legt die Legende, die sie aus einer italienischen Legendensammlung kannte, ihrer Großmutter in den Mund. Im Jahr 1905 entstand »Die Legende von der Christrose«, die erstmals in der bereits erwähnten Weihnachts-Anthologie *Julrosor* veröffentlicht wurde.

Die neuesten Erzählungen des Bandes sind – neben der titelgebenden »Friede auf Erden« von 1917 – die anekdotisch anmutenden »Der Totenschädel« (1914), in der die Autorin ihre Heimat Mårbacka, das Svartsjö der Erzählung, als Schauplatz verwendet, und »Die Mausefalle« (1928).

Den Spätherbst und Winter 1917, als »Friede auf Erden« entstand, verlebte Selma Lagerlöf zusammen mit ihrer intimen Freundin Valborg Olander in ihrem Anwesen in Falun. Als Schauplatz ihrer Erzählung lassen sich daher auch die tiefen, schneereichen Wälder Dalarnas annehmen, die die Lagerlöf-LeserInnen bereits in der großen Erzählung »Eine Herrenhofgeschichte« (1899) kennengelernt hatten.

Die Bilder in diesem Band stammen von dem schwedischen Nationalmaler Carl Larsson (1853–1919), einem Zeitgenossen Lagerlöfs, dem sie auf verschiedene Weise sehr verbunden war. Carl Larsson lebte seit 1901 mit seiner großen Familie, seiner Frau Karin und den sieben Kindern, auf dem Anwesen Lilla Hyttnäs in Sundborn. Die fünf Jahre jüngere Schriftstellerin Lagerlöf und er waren gewissermaßen Nachbarn; von Falun, wo Lagerlöf seit 1897 lebte, nach Sundborn sind es nur knapp zwölf Kilometer – in dem riesigen Land Schweden eher ein Katzensprung. Zwei Mal – 1902 und 1908 – hat Carl Larsson die Schriftstellerin im Auftrag ihrer Verleger porträtiert, und seit Larssons 50. Geburtstag 1903, zu dem die prominente Nachbarin selbstverständlich geladen war, duzten sich die beiden. Von dieser Geburtstagsfeier auf Sundborn ist ebenfalls überliefert, dass Larsson

Selma Lagerlöf auf die Wange küsste. Damit ist er der einzige Mann, der die Schriftstellerin je geküsst hat.
Selma Lagerlöf würdigte den Maler ihrerseits in der *Idun*-Nummer zu seinem 60. Geburtstag mit einem Beitrag, der auch viel über ihre eigene Einstellung zur Kunst verrät und wieso die beiden – an sich sehr verschiedenen Menschen und Künstler – einander schätzten:

»Wohl kaum etwas anderes kann Carl Larsson an seinem 60. Geburtstag größere Freude bereiten als der Gedanke an die unzähligen kleinen Drucke seiner Werke, die nicht nur in Schweden, sondern auch in unseren Nachbarländern Verbreitung gefunden haben.
Immer wenn ich einen erblicke, der mir aus einem Ladenfenster in einer grauen Straße, von der ernsten Wand eines Klassenzimmers, als einziger Schmuck in der Kammer eines armen Kindes, zwischen lauter nichtssagenden Bildern in einer Kinderzeitschrift oder unter der Decke eines Bauernhauses entgegenleuchtet, dann muss ich an die hübschen bunten Lichtflecken denken, die ich und viele andere in unserer Kindheit aus Sehnsucht nach Farbe und Schönheit mithilfe einer geschliffenen Glasscherbe hervorzauberten.

Ich glaube, dass der Sonnenscheinmann aus Sundborn – seit er, wohl viel zu früh, erfahren musste, wie fürchterlich dunkel das Leben sein kann – wünschte, helle Lichtflecke in das dunkelste Dasein hineinzuwerfen, dauerhafter und greifbarer als die des Prismas. Dass er dafür Gemälde in den Häusern der Reichen und an den Wänden der Museen aufhängen lassen musste, stellte nur einen notwendigen Umweg dar. Sein Ziel war es, diese leuchtenden Kindergesichter, dieses unschuldige Lächeln, diese strahlend bunten Familienfeste … zu bescheren, hoch und niedrig, damit schließlich auch noch in der ärmlichsten Kammer der dunkelsten Gasse eine Spur dessen zu finden ist, was das Leben rein, gut und einnehmend macht.«

Holger Wolandt